spielen und lernen

Ingrid Biermann

Spielend sprechen lernen

Sprachförderung im Vorschulalter

velber

Fotos:
Umschlag: Titelbild: mauritius images/age fotostock; U4: mauritius images/Stock Image; vordere Buchklappe: Carolin Zimmermann
Innenteil:
Family-Media Archiv: S. 4, 12, 55, 62, 90, 94, 95, 132, 144
Mauritius-Images: S. 41/Pigneter, 45/Leiber, 82/age, 92/age fotostock, 150/Raith
Photodisc: S. 22, 24, 30, 52, 59, 120, 126, 129, 146
Margarete Steiff GmbH: S. 73, 122
Heidi Velten: S. 8, 11, 14, 39, 48, 116, 124, 154, 156
Sibylle Wanders: S. 16/17, 18, 42, 43, 66, 67, 69, 70, 89, 149
Carolin Zimmermann: S. 24, 33, 36, 107, 109, 118, 135, 143

Velber Verlag

Lektorat: Susanne Lesaar
Bildredaktion, Satz und Repro:
ReproGraphia MEDIENHAUS-LAHR, Lahr
Druck und Bindung: IGM, Spanien

ISBN 3-89858-411-9

Inhalt

Liebe Eltern,

Nur wer seine Sprache wirklich beherrscht, kann Fakten und Fragestellungen richtig verstehen und sich dadurch – im Regelfall ohne größere Probleme – Lerninhalte aneignen. Diese Aussage ist durch die Ergebnisse der beiden PISA-Studien empirisch abgesichert. Wenn Sie in Ihrem Umfeld einmal genau hinhören, dann werden Sie erkennen, dass diejenigen, die ihre Wünsche, Bedürfnisse, Ängste, Sorgen, Träume, Fantasien und Gedanken richtig formulieren können, gute Chancen haben, auch entsprechend verstanden zu werden. Natürlich ist es für diese Menschen dann auch viel leichter, ihren (Lebens-)Weg zu gehen. Kommunikationsschwache Menschen haben Probleme, sich in der Gesellschaft zu positionieren. Kinder, die sagen, was sie denken, die ausdrücken können, was sie wollen, die Fragen stellen und sich interessiert zeigen, werden nicht übersehen oder überhört. Sie sind den stillen Kindern oft ein Stück voraus. Kinder mit einem umfangreichen Wortschatz können sich klar, fließend und vor allem präzise ausdrücken und sind schneller am Ziel ihrer Wünsche als Kinder, die nach Worten suchen und nur über Umwege das ausdrücken können, was sie vermitteln wollen.

Diese Erkenntnisse und die erschreckende Tatsache, dass bereits jedes fünfte Kind schon im Kindergarten massive Sprachstörungen aufweist, haben Pädagogen dazu veranlasst, dem Thema Sprachförderung in Kindergärten und Schulen eine neue Gewichtung zu geben. Doch darf Sprachförderung nicht erst im Kindergarten beginnen. Das Elternhaus hat eine immense spracherzieherische Funktion. Sie, liebe Eltern, haben einen großen Anteil daran, dass sich die Sprachfähigkeit Ihres Kindes positiv entwickelt.

Sprachförderung beginnt direkt nach der Geburt und endet nie. Das Erlernen der Sprache geschieht nicht über das Zuhören, sondern über das aktive Sprechen. Medien wie z.B. der Fernseher lassen keine Kommunikation zu. Untersuchungen haben ergeben, dass derjenige, der über das Fernsehen die deutsche Sprache erlebt, kein „sch" lernt, weil das Fernsehen unangenehme Zischlaute vermeidet und die norddeutsche Sprache bevorzugt. Der Fernseher kann keine gefühlsmäßige Zuwendung geben. Er kann nicht zum Sprechen ermutigen und eventuelle Sprachschwierigkeiten auffangen. Er ignoriert Fragen, Zwischenrufe und macht das Kind zu einem stummen Zuseher.

Der Kauf dieses Buches zeigt, dass Sie, liebe Eltern, diese Entwicklung bei Ihrem Kind nicht zulassen und Interesse an der Sprachförderung Ihres Kindes haben. Sie finden in diesem Buch viele Anregungen, mit denen Sie spielerisch die sprachliche Entwicklung Ihres Kindes von

Geburt an unterstützen können. Einen besonderen Schwerpunkt legt dieses Buch dabei auf die Förderung der Kinder im Kindergartenalter. Neue, Ihnen vielleicht bisher noch unbekannte Angebote, wie zum Beispiel Mitmachgeschichten, werden Ihnen zeigen, wie vielfältig Sprachförderung sein und wie viel Spaß Sprache mit Reimen, Versen, Liedern und vielem mehr machen kann.

Lassen Sie sich mit Hilfe dieses Buches auf die Sprachförderung ein und Sie werden sehen, dass Ihnen und Ihrem Kind der Sprachstoff niemals ausgeht. Plappern, brabbeln, blubbern, reimen und singen Sie, und erleben Sie so mit Ihrem Kind, dass Sprache Spaß macht.

Frühjahr 2005 *Ingrid Biermann*

Ein bisschen Theorie vorweg

1 So entwickelt sich Sprache

Vom ersten Schrei bis zum ersten vernehmbaren „Mama" ist es ein langer, aber sehr faszinierender Weg, den Eltern mit Spannung verfolgen. Sie, liebe Eltern, können sich bestimmt noch daran erinnern, wie es Ihnen erging, als Ihr Kind zum ersten Mal Laute von sich gab, die sich genau wie „Mama" oder „Papa" angehört haben. Ihr Herz schlug vor Freude bestimmt etwas schneller und jeder, der Ihnen über den Weg lief, musste vermutlich diese Freude mit Ihnen teilen. Von nun an haben Sie sicher mit großer Aufmerksamkeit die Sprachentwicklung Ihres Kindes beobachtet und täglich mit ihm zusammen neue, faszinierende Erfahrungen gemacht.

Doch die Entwicklung der Sprache Ihres Kindes beginnt schon viel früher, schon vor seiner Geburt. Im Mutterleib „trainiert" ein Kind unbewusst bereits die Körperteile, die es für das spätere Sprechen benötigt. Es lutscht am Daumen und übt so seinen Gaumen, seine Lippen und seine Zunge. Auch seine akustische Wahrnehmung entwickelt sich schon im Mutterleib. Etwa ab dem fünften vorgeburtlichen Monat kann es Geräusche von außen hören, auf sie achten und durch Bewegungen auf sie reagieren.

Jedes Kind wird mit der Fähigkeit zum Sprechen geboren. Sobald ein Kind das Licht der Welt erblickt hat, macht es von dieser Fähigkeit Gebrauch. Es schreit und nimmt so mit seiner Umwelt Kontakt auf. Es reagiert auf menschliche Geräusche in hoher Tonlage, es beobachtet und versucht lautlose Sprachformen, d. h. Mimik und Gestik, nachzuahmen. Schon ab der zweiten Lebenswoche versucht es, sich mit Lauten, durch Mimik und Gestik mit seinem Gegenüber zu unterhalten. Auch Schreien, Weinen, Lachen und sogar Wütendsein sind Formen der Verständigung, mit denen ein Kind versucht, seiner Umgebung seine Bedürfnisse mitzuteilen. Hunger, Bauchweh oder auch das Bedürfnis nach Nähe werden auf diese Weise deutlich gemacht. Eltern finden schnell heraus, was ihr Baby will, und sie reagieren mit leisen, beruhigenden Worten, mit Singen, Summen, Lächeln, Streicheln oder aber auch mit Worten, die das Baby als unangenehm empfindet.

Ab der sechsten Woche erkennt ein Kind vertraute Stimmen und antwortet mit Lächeln, Brabbeln oder auch wieder mit Schreien. So entsteht eine „Unterhaltung" zwischen dem Erwachsenen und dem Kind. Das Baby wird von nun an versuchen, alle Geräusche, jede Mimik und Gestik, die ihm sein „Gesprächspartner" vormacht, nachzuahmen.

Das Schreien ist eine Aufforderung des Kindes, ihm Beachtung zu schenken. Es möchte, dass die Umwelt seine Bedürfnisse stillt. Daher sollten Sie, liebe Eltern, darauf auch reagieren, denn eine „Schreistunde" strapaziert die Nerven von Eltern *und* Kind. Sie stärkt auch nicht die Stimmbänder, sondern sorgt lediglich für Missstimmung. Fühlt sich Ihr Kind in seinen Bedürfnissen angenommen, d. h. hat es Eltern, die auf sein Schreien reagieren, wird es weniger schreien und dafür viel mehr brabbeln, lächeln, blubbern und kreischen.

Schon mit etwa zwei Monaten beginnt ein Kind sprechen zu lernen. Es schaut Sie an, hört Ihnen zu, es beobachtet Ihre Mimik und Gestik und reagiert auf menschliche Laute in hoher Tonlage.

Es probiert, sich ebenfalls über Laute mitzuteilen. Dabei trainiert es seine Sprechwerkzeuge. Dazu gehören die Atmung, der Kehlkopf, der Rachen, der Kiefer, die Zunge, die Lippen. Es macht dem Kind viel Spaß, Laute von sich zu geben, und darum beginnt es nun Selbstgespräche zu führen. Es brabbelt auch, wenn es allein ist, hört sich selbst zu und freut sich an seiner eigenen Sprachmelodie.

Etwa ab dem sechsten Monat wiederholt ein Kind Laute und Silben, und viele Dinge, die es von sich gibt, hören sich an wie „mamama" oder „dadada". Diese „zweite Lallphase" dauert etwa bis zum neunten Monat. In dieser Zeit entwickelt das Kind sein erstes und wichtiges Sprachverständnis. Ein „Sprachschatz" wächst durch das ständige Wiederholen von Lauten. Es spielt mit der Sprache, indem es sich selbst etwas vorlallt. Es zerlegt das, was es hört, und fügt es wieder zusammen. So entsteht seine ganz eigene Form der Lall- und Brabbelsprache. Damit sein Sprachschatz wächst, benötigt es ein gutes Gehör. Daher sollten Sie, liebe Eltern, schon früh das Gehör Ihres Kindes durch einen kleinen Hörtest überprüfen. Wenn Sie klatschen oder die Tür lauter schließen, sollte Ihr Neugeborenes mit den Augen zwinkern oder aufschrecken. Auch bei länger anhaltenden Geräuschen wie etwa dem eines Staubsaugers oder eines Mixers sollte es reagieren. Es sollte eine Reaktion auf Ihre Stimme zeigen und sich mit etwa sechs bis sieben Monaten zielgerichtet nach Geräuschen umdrehen. Ist Ihr Kind sechs bis achtzehn Monate alt, dann sollten Sie immer mal wieder mit ihm Geräuschspiele machen (zum Beispiel: „Wie klingt eine Glocke? Wie raschelt Mamas Zeitung?"), um auf diese Weise die Entwicklung seines Gehörs zu überprüfen. Bei Unklarheiten sollten Sie die Spiele nach ein paar Tagen wiederholen und gegebenenfalls einen Arzt aufsuchen.

Bedenken Sie bitte, dass ein Kind erst ab etwa der 12. Lebenswoche sofort auf ein Geräusch reagiert, indem es umgehend mit einem Lächeln antwortet oder sich umdreht. Ist Ihr Kind jünger, ist seine Reaktion deutlich langsamer.

Durch Ihre Mimik, Ihre Gestik und durch Ihren Tonfall sowie durch Ihre Sprache – formulieren Sie bitte möglichst immer in ganzen Sätzen – lernt Ihr Kind den Inhalt dessen, was Sie zu ihm oder zu anderen Menschen sagen, zu erfassen und zu verstehen. Kurz vor Ende seines ersten Lebensjahres beginnt es, bestimmte Laute bestimmten Dingen zuzuordnen und diese Laute auch nachzusprechen. Jetzt kann es schon recht gut seine Wünsche und Bedürfnisse in „Worte" kleiden. In dieser Zeit entwickelt jedes Kind seine eigene Sprache. So kann ein Trecker „Tata" heißen und eine Katze „Mimi". Nur Sie, liebe Eltern, verstehen die ganz persönliche Sprache Ihres Kindes. Darum sollten Sie sich darauf einlassen und hin und wieder auch die Sprache Ihres Kindes sprechen. Dadurch fühlt sich Ihr Kind angenommen und geliebt und wird motiviert, auch weiterhin mit Ihnen zu kommunizieren. Ihr Kind lernt jetzt aber auch, dass es sich mit dieser Sprache Fremden gegenüber noch nicht verständlich machen kann. Es macht seine ersten Grenzerfahrungen dadurch, dass andere sich nicht auf seine Sprache einlassen oder sie offensichtlich nicht oder nur mit Mühe verstehen.

Ab dem 7. Monat kann Ihr Kind sich auch noch nach vielen Stunden an Laute und Wörter erinnern, die es gelernt hat, und sie dann in seiner Sprache wiedergeben. Schon mit etwa eineinhalb Jahren kann sich Ihr Kind Dinge, von denen Sie ihm erzählen, auch inhaltlich vorstellen. Damit kann es sich schon im Vorfeld auf das einstellen, was gleich passieren wird. Wird z.B. über das Essen gesprochen, das gleich serviert werden wird, dann freut sich Ihr Kind schon darauf und reagiert mit Lächeln, Brabbeln oder Bewegungen.

Langsam entwickelt sich die Sprache Ihres Kindes so, dass es sich schon gut verständlich machen kann. Es wählt die Worte bewusst aus, damit Sie erkennen können, was es will. Sie erkennen, ob es spielen oder essen möchte, ob es Bauchweh hat oder ob es mit Ihnen auf eine andere Weise ins Gespräch kommen will. Ihr Kind gibt Ihnen Antworten, die aus ein oder zwei Wörtern bestehen. Wie deutlich diese Antworten sind, entscheiden die Sprechorgane Ihres Kindes. Je trainierter seine Mundmuskulatur ist, umso deutlicher entwickelt sich seine Sprache. Geben Sie deshalb Ihrem Kind öfter mal eine Brotkruste, an der es kauen und somit seine Mundmuskulatur stärken kann. Jeder feste „Biss“ unterstützt die Entwicklung der Sprechorgane und trägt zu einer deutlichen Sprache bei.

Mit etwa zwei Jahren entwickelt sich die Satzlänge individuell. Ihr Kind setzt jetzt, ohne auf die Reihenfolge zu achten, beliebig viele Worte aneinander und kann sich so gut verständlich machen. Es lernt nun täglich, dass jedes Ding, jede Tätigkeit, jeder Zustand, jedes Bedürfnis einen Namen hat und setzt seine Sprache ganz individuell zusammen. Erzählen Sie Ihrem Kind viel, machen Sie mit ihm Fingerspiele und singen Sie ihm, wann immer Sie können, Lieder vor; sicher kennen Sie noch einige aus Ihrer eigenen Kindheit.

Mit Ende des zweiten Lebensjahres kennt Ihr Kind ca. 300 Wörter. Nun macht es mit Worten viele neue Erfahrungen. Es setzt sie zusammen, zerlegt sie, experimentiert mit ihnen herum, übernimmt Wörter aus seiner Umwelt, bildet neue, summt, singt, tanzt, hüpft, springt dazu und stellt fest, wie umfangreich und interessant die Welt der Sprache ist. Seine Sprache wird nun immer flüssiger. Buchstaben falsch zu sprechen, zu verwechseln oder zu lispeln, ist in diesem Alter ganz normal und sollte bei Ihnen, liebe Eltern, keine Besorgnis auslösen. Ihr Kind möchte nun immer wieder bestimmte Geschichten hören, Spiele machen, Lieder singen. Lesen Sie daher viele neue Geschichten vor, die es einladen, mitzumachen.

Das Kind schult dabei seine Konzentration und Reaktion; es lernt, auf Signale zu reagieren. Auch Reime, Verse, Bewegungslieder, rhythmische Sprachspiele finden nun großen Anklang. Sie sollten diese häufig wiederholen – Sie werden erstaunt sein, wie schnell Ihr Kind mitspricht. So wird sein Wortschatz spielend leicht erweitert und seine Sprechfreude geweckt. Seine Artikulation wird sich nur dann gut entwickeln, wenn Sie Ihrem Kind immer wieder Gelegenheit zum Sprechen geben.

Mit dem Ende seines dritten Lebensjahres weiß Ihr Kind genau, was es sagen will. Es kann sich dementsprechend verständlich machen. Es kann Situationen beschreiben, Wünsche äußern, Abläufe mitteilen. Es beginnt nun unaufhörlich zu fragen. „Warum, wann, wieso" sind die Vokabeln, mit denen es sich alles erfragt, was ihm interessant und wissenswert erscheint; dabei erweitert es unaufhörlich seinen Wortschatz. In dieser Zeit macht es Ihrem Kind auch Spaß, Wörter mit allen seinen Sinnen zu erleben. Seine Satzbildung ist zwar noch etwas unkorrekt, hindert es aber nicht daran, lustvoll zu kommunizieren. Seine Freude an Mitmachgeschichten, Liedern, Bewegungsspielen, Fingerspielen, Reimen, Versen ist nicht geringer geworden. Es mag die Vielfalt der Sprache und ist selbst ein großer Meister im Erfinden von Wörtern. Es erlebt die wortlose Sprache und setzt bewusst Mimik und Gestik ein. Es genießt die fühlbare Sprache, die durch Körperberührung hergestellt wird, denn sie entspannt, löst Ängste und setzt verbale Sprache frei.

Im Alter von vier Jahren hat sich der Wortschatz Ihres Kindes auf etwa 1500 Wörter erweitert. Ihr Kind kann nun schon kleine Geschichten wiederholen. „Deins", „meins", „ich" und „du" sind ihm unterscheidbare Begriffe. Es schlüpft gern in andere Rollen, es rätselt gerne, kann Oberbegriffe bilden, kennt seine Körperteile. Seine optische und akustische Wahrnehmungsfähigkeit, die beide seine sprachliche Entwicklung fördern, sind gut ausgeprägt. Es spricht und bewegt sich gerne und kann Bewegungsaufforderungen gut nachkommen. Es kann gut zuhören und Ihren Aufforderungen folgen. Es redet ohne Punkt und Komma und nutzt seine Kommunikationsfähigkeit, damit seine Wünsche befriedigt werden. Schwierigkeiten bei bestimmten Lauten wie „sch" können noch auftreten, sind aber in der Regel mit dem fünften Lebensjahr verschwunden und daher nicht besorgniserregend.

Mit fünf Jahren kennt Ihr Kind zirka 2000 Wörter, und seine Freude an der Vielfalt der Sprache ist nicht zu stoppen. Es kann Vorgänge und Zusammenhänge erklären und von gestern, heute und morgen erzählen. Es kann Fehler erkennen und Oberbegriffe finden.

Mit sechs Jahren kennt es etwa 3000 Wörter und hat damit das Erlernen der Sprache in den Grundzügen abgeschlossen. Jedoch wächst auch jetzt noch sein Wortschatz bis zirka zum 30. Lebensjahr pro Jahr um etwa 3500 Wörter an. Danach lässt diese Fähigkeit nach.

Im Alter von sechs Jahren hört Ihr Kind schon deutlich die Anlaute in einem Wort und kann, wenn man es beispielsweise fragt: „Hörst du ein B in Ball?", diese Frage bejahen. Es kann zwei kurze Wörter zu einem langen Wort zusammensetzen (z.B. weiß es, dass „Feder" und „Ball" zusammengesetzt das Wort „Federball" ergeben). Ihr Kind erkennt, wenn man ihm den Rhythmus bestimmter Worte durch Klatschen vorgibt, ob diese Worte lang oder kurz sind (Hund = einmal klatschen, Fensterbank = dreimal klatschen). Es kann Unsinnwörter nachsprechen und selbst bilden, z.B. „Pannepenne" für das Wort „Bratnudeln" oder „Wibbelwabbel" für das Wort „Schaukel". Es erfindet mit Hilfe von drei Begriffen, die es auf Memorykarten erkennt (beispielsweise die Begriffe „Sonne", „Schwimmreifen", „Handtuch"), eine Geschichte. Es kann Verse, Reime oder Gedichte auswendig wiedergeben. Es löst knifflige Fragen und merkt, wie sprachgewandt es geworden ist. Sein Bedürfnis, mehr zu lernen, wächst. Dies ist dann ein Zeichen seiner Schulreife.

Was Sie sonst noch wissen sollten

Das Bedürfnis eines Menschen nach Kommunikation hört in der Regel nie auf und geht bis an sein Lebensende weiter. Daher ist es wichtig, auch weiterhin die Sprachfreude Ihres Kindes zu fördern. Auch mit dem Eintritt in die Schule sind Rätsel, Reime, Lieder und Geschichten noch gefragt, jetzt jedoch in einer anderen Form. Seien Sie, liebe Eltern, kreativ und erfinden Sie mit Ihrem Kind immer wieder neue Sprachspiele. Sie werden sehen, wie viel Freude es Ihnen und Ihrem Kind macht, miteinander zu kommunizieren. Lassen Sie nicht zu, dass Medien wie Fernsehen, Computer, Playstation oder andere Dinge Ihr Kind sprachlos machen. Je sprachgewandter Ihr Kind ist, desto mehr ist es aktiv und umso leichter fällt ihm das weitere Lernen. Eine ausgebildete Sprache und ein umfangreicher Wortschatz sind wichtige Voraussetzungen für das geistige Wachstum Ihres Kindes. Um Sprache zu erleben, muss Ihr Kind immer ein Gegenüber haben, mit dem es sich austauschen kann. Wer könnte dazu besser geeignet sein, als Sie, liebe Eltern.

2 Eltern als Sprachvorbilder

Damit Ihr Kind seine Sprache stressfrei entwickeln kann, braucht es in seinem direktem Umfeld ein gutes Sprachvorbild. Dieses Sprachvorbild sind in erster Linie Sie, liebe Eltern. Ihre Sprache, d.h. Ihre Aussprache, Ihre Lautstärke, Ihre Mimik und Gestik, Ihre Fähigkeit zu formulieren, und viele Dinge mehr, tragen dazu bei, dass sich das Sprachvermögen Ihres Kindes positiv entwickelt. Sie als Vorbild transportieren die Sprachimpulse, die Ihr Kind benötigt. Sie sind für Ihr Kind das Spiegelbild der Sprache. Das Sprichwort: „So wie man es in den Wald hineinruft, so schallt es heraus!", ist gerade in der Sprachförderung von besonderer Bedeutung. Um ein gutes Vorbild zu sein, sollte man, wie bei vielen Dingen im Leben, einige Regeln aufstellen. Sie helfen Ihnen dabei, dass die Sprache zwischen Ihnen und Ihrem Kind zielorientiert und entspannt sein kann.

Orientierungshilfen für eine zielorientierte Sprachförderung

- Nehmen Sie Ihr Kind in seiner momentanen Sprache an.
- Akzeptieren Sie derzeitige Schwächen und zeigen Sie Verständnis für seine derzeitige Sprache.
- Vergleichen Sie Ihr Kind nicht mit anderen Kindern oder mit Tabellen, denn jedes Kind hat seine individuelle Entwicklungsgeschwindigkeit.
- Schauen Sie Ihr Kind, während Sie mit ihm sprechen, immer an, nehmen Sie es auf den Schoß oder nehmen Sie auf andere Art und Weise Kontakt mit ihm auf.
- Geben Sie Ihrem Kind die Möglichkeit, während eines Gesprächs auch seinen sprachlichen Beitrag zu leisten, d.h. bemühen Sie sich, ständig im Dialog mit Ihrem Kind zu sein. Unterbrechen Sie Ihr Kind nicht und seien Sie geduldig, wenn es nach Worten sucht. Drängen Sie es nicht, sonst wird es sich das nächste Mal nicht mehr trauen, sich die Zeit zu nehmen, das richtige Wort zu finden.
- Passen Sie sich in Ihrer Sprache dem Alter und der Entwicklung Ihres Kindes an, d.h. formulieren Sie klar und deutlich und in nicht zu langen Sätzen.
- Sprechen Sie immer in einem liebevollen Tonfall mit Ihrem Kind, dadurch ermutigen Sie Ihr Kind zur Kommunikation.
- Benennen Sie immer alle Dinge korrekt, d.h. verwenden Sie für ein Nussplätzchen nicht einfach das Wort „Plätzchen" und für ein Kastanienblatt nicht nur das Wort „Blatt". Nur so kann sich der Wortschatz lückenlos erweitern.

- Sorgen Sie dafür, dass Stressfaktoren wie Fernsehen, Computer usw. nicht zur Blockade der Sprachentwicklung Ihres Kindes werden.
- Loben und belohnen Sie Ihr Kind (nicht unbedingt mit materiellen Dingen).
- Nehmen Sie sich Zeit für einen Spaziergang, ein Spiel usw., denn auch hier entwickelt sich Kommunikation, d.h. Sprache.
- Vermeiden Sie einen überfüllten Tagesablauf. Das bringt Stress und lässt keine Zeit für Gespräche.
- Bauen Sie in Ihr Familienleben Rituale und gleichmäßige Abläufe ein. Sie bauen damit Blockaden, Ängste und Unsicherheiten Ihres Kindes ab und motivieren es zur Kommunikation.
- Feiern Sie mit Ihrem Kind auch regelmäßig Feste – und das am besten zu Hause. Geburtstage und Karneval machen viel mehr Spaß, wenn Sie sie mit Ihrem Kind zusammen selbst vorbereitet und abgesprochen haben, mehr als vororganisierte Feiern einer Fast-Food-Kette. Außerdem fördern Sie auf diese Weise spielerisch nicht nur die Sprache, sondern auch das Sozialverhalten Ihres Kindes.

Spielzeug als Sprachanreiz oder Sprachblockade

Das Spielmaterial Ihres Kindes kann dazu beitragen, die Sprechfreude Ihres Kindes anzuregen oder sie zu blockieren. Ein Zuviel an Spielzeug kann zur Folge haben, dass Ihr Kind nicht ins Spiel findet und dass sich somit auch seine Sprache nicht entwickelt. Das Spielzeug Ihres Kindes sollte zum Experimentieren, Betrachten, Begreifen, Verändern, Ordnen und Sortieren anregen. Erst dann lädt es auch zum Sprechen ein: Ein Kind, das Spaß mit seinem Spielzeug hat, kommentiert dies während des Spielens pausenlos und kommuniziert mit echten und imaginären Spielpartnern.

Naturmaterialen, saubere und gefahrlose Verpackungsprodukte, Tücher, Stoffe, Decken, Knöpfe, Korken, Papier regen die Kreativität und die Kommunikation an.

Die Umgebung als Sprachanreiz oder Sprachblockade

Das Kind benötigt mehr noch als der Erwachsene eine übersichtliche und geordnete Umgebung. Es braucht Kisten, Kästen, Regale, in denen es sein Spielzeug findet und in die es seine Spielsachen auch wieder zurückordnen kann. Unordnung blockiert sowohl den Tatendrang als auch die Sprache. Die Umgebung eines Kindes sollte freundlich, geordnet und kommunikationsauffordernd sein, denn nur so fühlt sich Ihr Kind wohl und ist bereit zu spielen und zu sprechen.

3 Sprachförderung durch Sprachtraining

Das Miteinander-Sprechen sollte nicht immer nur rein zufällig geschehen. Natürlich sind die spontanen Unterhaltungen oft sehr amüsant, aber sie verleiten auch zu einer Alltagssprache, bei der auf richtigen Satzbau und korrekte Artikulation nicht immer Wert gelegt wird.

Wenn Sie, liebe Eltern, möchten, dass Ihr Kind in ganzen Sätzen spricht, genau beschreiben kann, dass es die richtigen Worte im richtigen Augenblick benutzt, damit seine Sprache flüssig und unterhaltsam ist, dann sollten Sie schon direkt nach seiner Geburt mit der Sprachförderung beginnen, d. h. konkret, Sie sollten viel mit ihm kommunizieren. Später, etwa ab dem 3. Lebensjahr, können Sie, um die Sprachentwicklung Ihres Kindes noch gezielter zu unterstützen, sich ein eigenes Sprachtrainingsprogramm aufstellen. Denn gutes Sprechen können Sie trainieren, indem Sie die Unterhaltung mit Ihrem Kind, die Beschäftigung mit ihm, das Spielangebot mit einem Ziel, einem Aufbau und einer Zeitplanung versehen. Das hört sich sehr geplant an, hat aber den Vorteil, dass der Erfolg nicht lange auf sich warten lässt. Neben der lockeren Kommunikation ist ein kleines Sprachtraining für Ihr Kind bestimmt sehr hilfreich, vor allem dann, wenn Ihr Kind in dem, was Sie mit ihm spielen oder sprechen, keinen Zwang, sondern spielerische Freude sieht.

Dieses Buch wird Sie mit seinen vielen Anregungen dabei unterstützen. Die Vielzahl der Lieder, Spiele, Verse, Reime, Rätsel, Bewegungs- und Mitmachvorschläge macht es Ihnen leicht, ein auf die Bedürfnisse Ihres Kindes abgestimmtes kleines Programm zusammenzustellen. Sie haben bestimmt ein gutes Gespür dafür, die Dinge so auszusuchen, dass die Sprech- und Wiederholungsfreude Ihres Kindes geweckt wird. Sie können aber auch täglich etwas Neues für den kommenden Tag heraussuchen. So sind Sie flexibel und können auf Wunsch Spiele wiederholen oder für den nächsten Tag die Wünsche Ihres Kindes mit einbauen.

Es ist ratsam, sich am Tag zuvor eine kurze Zeit auf das Spiel, das Lied, die Geschichte, die Sie am kommenden Tag mit Ihrem Kind zusammen erzählen wollen, vorzubereiten. Lesen Sie die Geschichten durch, damit Sie am nächsten Tag mit viel Dynamik, Mimik und Gestik Ihrem Kind die Geschichte erzählen können. Denn eines steht fest: Je interessanter Sie Ihrem Kind etwas erzählen, umso aufnahmefähiger ist es.

Benötigen Sie für den nächsten Tag Materialien, dann suchen Sie diese schon am Tag vorher zusammen. Für die entspannenden Angebote sollten Sie mit einer Kerze, ruhiger Musik, einer Kuscheldecke oder einem Kissen eine entsprechende Atmosphäre herstellen, damit sich Ihr Kind gelöst beispielsweise auf das Körperspiel konzentrieren kann. Die entspannenden Angebote eignen sich hervorragend nach einem warmen Bad, vor dem Zu-Bett-Gehen oder zu anderen „müden“ Zeiten.

Wenn Sie sich für ein kleines Sprachtraining entschieden haben, welches über einige Wochen täglich, je nach Alter Ihres Kindes, zehn bis zwanzig Minuten dauern sollte, dann suchen Sie sich dafür eine Uhrzeit aus, die auch Ihnen gut passt. Eine Zeit, zu der Sie selbst noch unter Druck stehen, wird für Sie und Ihr Kind nicht zufrieden stellend sein. Das richtige Spiel zur richtigen Zeit wird Ihnen und Ihrem Kind Spaß machen. Ein nicht zu vergessendes positives Argument für ein kurzes, tägliches Sprachtraining ist, dass Sie in dieser Zeit Ihrem Kind ganz nah sind. Ihr Kind fühlt sich angenommen und akzeptiert und genießt die Sprachspielzeit mit Ihnen. Schon diese Situation allein wird Ihr Kind motivieren, bei den Spielen aktiv mitzumachen.

Ist nach einigen Wochen „die Luft raus", dann machen Sie erst einmal eine Pause und kommunizieren Sie mit Ihrem Kind frei und ohne Programm. Merken Sie, dass wieder Interesse besteht, dann beginnen Sie erneut. Sie dürfen ruhig vieles wiederholen, denn durch die Wiederholung lernt Ihr Kind. Auch ich habe bewusst die Form der Spielangebote wiederholt; denn Ihr Kind wird durch das Wiederholen den Sprechrhythmus eines Verses erkennen oder auf Signale in einer Mitmachgeschichte reagieren können. Auch hier führt die Wiederholung zum Erfolg.

Bilderbücher sind übrigens aus dem Sprachtrainingsprogramm nicht wegzudenken. In vertrauter Atmosphäre betrachtet und unterhält sich Ihr Kind bestimmt gerne. Sparen Sie nicht an Bilderbüchern; denn eine gute Bibliothek begleitet Ihr Kind über Jahre und lässt es immer wieder selbst schauen, erzählen, fragen und später auch lesen. Sorgen Sie dafür, dass Ihr Kind liest, denn dabei erweitert sich sein Wortschatz von ganz allein. Lesen macht klug und sollte daher von jedem Elternteil unterstützt werden.

Viele Spiele machen erst richtig Spaß, wenn mehrere Personen mitmachen. Laden Sie deshalb ab und zu die Freunde Ihres Kindes zu diesem Programm ein. So erfreuen und fördern Sie gleichzeitig auch andere Kinder. Viele Spiele eignen sich übrigens auch gut zur Gestaltung einer Geburtstagsfeier.

Bei aller Begeisterung für ein solches Sprachtraining sollte der Spaß immer an erster Stelle stehen und nicht der Erfolg. Denken Sie auch immer daran: Jedes Kind hat sein eigenes Tempo in seiner Entwicklung. Egal ob es um seine Bewegungsfähigkeit geht, um seine Sprache, um die Entwicklung seiner Selbstständigkeit oder um seine Erziehung zur Sauberkeit. Kaum ein Kind entspricht in seiner Entwicklung den Tabellen, in denen Entwicklungserfolge zeitlich genau erfasst sind. Ihr Kind ist eine eigenständige Person mit seinem eigenen Entwicklungstempo. Lassen Sie es zu, dass Ihr Kind langsamer ist als vielleicht das gleichaltrige Nachbarskind. Geben Sie Ihm Zeit, um sich zu entwickeln, um zu wachsen. Wenn Sie, liebe Eltern, die Entwicklung Ihres Kindes gut beobachten, so stellen Sie auch ohne den Blick auf die Tabelle fest, wie Ihr Kind voranschreitet. Machen Sie sich keine Sorgen bei einem Entwicklungsrückstand. Erst wenn es nicht mehr vorwärts geht oder wenn der Rückstand zu eklatant wird, dann sollten Sie sich von Therapeuten Hilfe holen.

Wichtig ist nur: Verlieren Sie Ihr Kind nie aus dem Auge. Beobachten Sie es, hören Sie ihm zu und Sie werden ohne Druck und mit Freude die Sprachentwicklung Ihres Kindes miterleben.

Praxis-Teil

4 So wecken Sie die Sprechfreude Ihres Kindes

Jedem Menschen ist von Geburt an alles mitgegeben worden, um das Sprechen zu erlernen. Auch die Neugierde, die Sprache zu entdecken, steckt in jedem von uns. Wie gut, wie fließend und wie umfangreich sich der Wortschatz eines Menschen entwickeln kann, hängt von vielen Faktoren ab. Ein Faktor ist die Umgebung, d. h. die Familie, in die ein Kind hineingeboren wird. Wird es in einem Umfeld groß, das die Sprechneugierde in ihm weckt, dann hat es gute Chancen, dass seine Sprachentwicklung komplikationslos voranschreiten kann. Hat ein Kind Eltern, die selbst Wert auf eine gute Sprache legen, die selbst gerne kommunizieren und denen das Sprechen Freude macht, dann sollten diese auch keine Mühen scheuen, um sich altersgerechte Sprachspiele für ihr Kind anzueignen. Mit Hilfe dieser Spielangebote sorgen Sie, liebe Eltern, dafür, dass Ihr Kind Sprachanreize bekommt, die einen guten Start für seine sprachliche Laufbahn garantieren.

Das Angebot der Sprachreize ist riesengroß und es macht manchmal Mühe, das Richtige für sein Kind auszusuchen. In dem folgenden Kapitel bekommen Sie, liebe Eltern, eine Menge neuer Sprachspielideen. Wenn Sie sich ein Sprachfördertraining zusammenstellen wollen, das die Sprachentwicklung Ihres Kindes unterstützt, dann finden Sie in dem folgenden Kapitel bestimmt etwas Passendes.

4.1 Lustige Fingerspiele

Alter: ab 3 Jahren

Spielverlauf:
Die Bewegungen werden dem Text entsprechend durchgeführt.
Förderziele:
Die Sprechfreude Ihres Kindes wecken, seine Ausdrucksfähigkeit verbessern, seine Koordination fördern; Ihr Kind soll lernen, das Gehörte zu verstehen und umzusetzen, seinen Wortschatz zu erweitern, seine Konzentrationsfähigkeit sowie seine akustische und visuelle Wahrnehmung zu verbessern.
Hinweis:
Machen Sie Ihrem Kind dieses Fingerspiel zuerst einige Male vor und laden Sie es dann ein, mitzumachen. Erzählen Sie so fesselnd, dass es Ihnen gern zuhört. Alle Fingerspiele können auch als Körperspiele eingesetzt werden. Dann werden die Fingerbewegungen auf dem Rücken Ihres Kindes durchgeführt.

Auf einem Blatt, so klitzeklein

Fingerspiel

Auf einem Blatt, so klitzeklein,
die linke Hand waagerecht ausstrecken
schläft ein Käfer heut allein.
die rechte Hand zur Faust ballen und in die linke Hand legen
Er ruht sich aus und liegt ganz still,
weil er ein wenig träumen will.
Der Pustewind, der kommt ganz leise
pusten
von einer langen, langen Reise.
Er sieht den Käfer, ja und dann
fängt er ganz sacht zu pusten an.
auf die rechte Hand pusten
Der Käfer streckt die Beine aus,
langsam die rechte Hand öffnen und die Finger ausstrecken
der Pustewind bläst mit Gebraus.
pusten
Er trägt den Käfer sehr weit fort
mit der rechten Hand durch die Luft „fliegen"
an einen unbekannten Ort.
rechte Hand hinter den Rücken legen

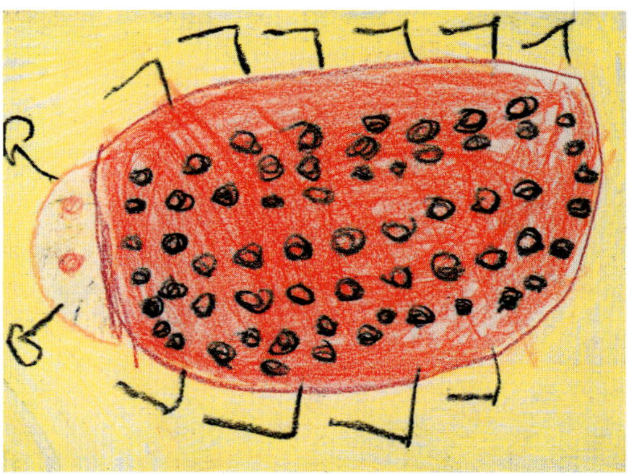

Hoch oben auf dem Berg

Fingerspiel

Hoch oben auf dem Berg,
da sitzt allein ein Zwerg.
die rechte Hand an den Kopf legen und den Zeigefinger in die Luft heben
Er schaut mal hin und auch mal her,
den Zeigefinger bewegen
hier oben, da gefällt's ihm sehr.
Und dann läuft er schnell und munter,
den hohen Berg wieder hinunter.
mit den Fingern der rechten Hand schnell vom Kopf ausgehend
den Körper hinunterlaufen, bis die Hand auf dem Boden liegt
Doch unten an dem Berg
läuft dann unser Zwerg
den hohen Berg mit viel Geschnauf
und ganz geschwind wieder hinauf.
mit den Fingern der rechten Hand wieder von unten
nach oben den Körper hochkrabbeln
Legt sich hin und ruht sich aus,
die ganze Hand an den Kopf legen
und jetzt ist die Geschichte aus.

Die fünf Finger

Fingerspiel

Die fünf Finger: Schau dir an,
die Finger einer Hand zeigen
was jeder denn so alles kann.
Der Daumen, ja, der ist sehr munter,
springt vergnügt schnell rauf und runter.
den Daumen rauf und runter bewegen
Schau dir jetzt auch einmal an,
was der Zeigefinger kann.
Auch dieser ist ganz flink und munter,
bewegt sich immer rauf und runter.
den Zeigefinger auf und ab bewegen
Der Mittelfinger ist nicht dumm,
er macht sich gerade und auch krumm.
den Mittelfinger auf und ab bewegen
Der Ringfinger, der gönnt sich Ruh
und schaut den andern Fingern zu.
Dann bewegt auch er sich munter
immer wieder rauf und runter.
den Ringfinger auf und ab bewegen
Der kleine Finger steht erst still,
weil er etwas lernen will.
Dann bewegt auch er sich munter
den kleinen Finger auf und ab bewegen
immer wieder rauf und runter.
Alle Finger sind nun munter,
bewegen sich schnell rauf und runter.
alle Finger auf und ab bewegen
Doch nun zappeln sie ganz schnell,
mit allen Fingern zappeln
verschwunden sind sie auf der Stell.
die Hand auf den Rücken legen

Auf einem hohen Berg

Fingerspielgeschichte / Körperspiel

Die Bewegungsbeschreibung nach dem Schrägstrich ist für ein Körperspiel gedacht.

Auf einem hohen Berg,
die Fingerspitzen der beiden Hände zusammenlegen und hoch über den Kopf halten / auf dem Rücken einen Berg malen
da sitzt ein müder Zwerg.
mit Daumen oder Zeigefinger einen Zwerg zeigen / leicht mit dem Zeigefinger auf die Bergspitze drücken
Er schaut mürrisch in die Welt,
die Hand vor die Stirn legen und hin und her schauen
die ihm heute nicht gefällt.
Die Sonne scheint auf seine Mütze.
mit den Händen eine Sonne in die Luft malen / eine Sonne auf den Rücken malen
„Ach, wie ich heute wieder schwitze!“,
mit der Hand über die Stirn wischen
sagt der Zwerg und geht ganz schlapp
Schritt für Schritt den Berg hinab.
schnell mit Daumen oder Zeigefinger vom Kopf aus den ganzen Körper bis auf den Boden hinunterlaufen / mit den Fingern über den Rücken laufen
Legt sich hin und macht sich klein,
Finger krümmen / Faust auf dem Rücken liegen lassen
gähnt ganz laut und schläft dann ein.

Zehn flinke Zwerge

Fingerspiel
Alter: ab 2 Jahren

Zehn flinke Zwerge, die zappeln hin und her,
alle Finger hin und her bewegen
zehn flinke Zwerge mögen das so sehr.
Zehn flinke Zwerge liegen still
Hände auf die Oberschenkel legen
und dann
fangen alle Zwerge froh zu zappeln an.
wieder alle Finger hin und her bewegen

Zehn flinke Zwerge, die zappeln auf und ab,
alle Finger auf und ab bewegen
zehn flinke Zwerge werden gar nicht schlapp.
Zehn flinke Zwerge liegen still
Hände auf die Oberschenkel legen
und dann
fangen alle Zwerge froh zu zappeln an.
wieder alle Finger hin und her bewegen

Zehn flinke Zwerge, die zappeln kreuz und quer,
alle Finger kreuz und quer bewegen
zehn flinken Zwergen fällt das gar nicht schwer.
Zehn flinke Zwerge liegen still
Hände auf die Oberschenkel legen
und dann
fangen alle Zwerge froh zu zappeln an.
wieder alle Finger hin und her bewegen

Zehn flinke Zwerge zappeln rundherum,
alle Finger in einem Kreis bewegen
zehn flinke Zwerge fallen auch nicht um.
Zehn flinke Zwerge liegen still
Hände auf die Oberschenkel legen
und dann
fangen alle Zwerge froh zu zappeln an.
wieder alle Finger hin und her bewegen

Zehn flinke Zwerge wollen nun nicht mehr,
Finger nur noch langsam zappeln lassen
zehn flinken Zwergen fällt das Zappeln schwer.
Zehn flinke Zwerge laufen ganz schnell fort,
Hände auf den Rücken legen
suchen sich zum Träumen einen schönen Ort.
Hände ganz entspannt, mit gespreizten Fingern, auf die Oberschenkel legen

4.2 Mitmachgeschichten

Die kleine Knuspermaus

Mitmachgeschichte **Alter: ab 2 Jahren**

Spielverlauf:

Zunächst stellen Sie Ihrem Kind ein Fühlrätsel: Ihr Kind schließt die Augen und Sie geben ihm eine Stoffmaus in die Hand. Diese soll es erfühlen und erraten. Sollten Sie keine Stoffmaus zur Hand haben, stellen Sie ihm folgendes Rätsel: „Was ist das? Es piept, frisst gerne Speck und hat einen ganz langen Schwanz." Hat Ihr Kind richtig geraten, dann stellen Sie mit der rechten Hand eine Spitzmaus dar, d. h. Sie legen die Finger auf den Daumen und haben so einen spitzen „Mäusemund". Mit diesem machen Sie dem Text entsprechend die Bewegungen, d. h. Sie berühren mit dem „Mund" die genannten Körperteile und knabbern wie eine Maus an Ihrem Kind herum. Wenn Sie das Rätsel weglassen, kann die folgende Mitmachgeschichte auch jüngeren Kindern erzählt werden.

Förderziele:

Die akustische und visuelle Wahrnehmung Ihres Kindes fördern, seine Mitmachfreude wecken, seine Konzentration fördern und seine Koordination üben. Es soll lernen, Gehörtes als Berührung zu spüren und sich zu entspannen.

Hinweis:

Spielen Sie Ihrem Kind diese Mitmachgeschichte immer wieder vor und Sie werden sehen, es macht bald schon mit und kann dann – in seiner Rolle als Maus – an Ihnen herumknabbern. Spannend erzählt und von einer schönen Überraschung begleitet (gemeinsames Kuchenbacken und/oder Kuchenessen), wird diese Geschichte zu einem besonderen Erlebnis für Sie beide.

Die kleine Knuspermaus

Die kleine Knuspermaus hat immer Hunger.
Überall, wo sie herumläuft, sucht sie nach kleinen Köstlichkeiten.
die „Mäusemund-Hand" hin und her bewegen
Mit ihrer spitzen Mauseschnute knabbert sie alles an.
mit der Hand alle Dinge anknabbern, die um sie herumstehen
Heute wird die kleine Knuspermaus gar nicht satt.
Darum sucht sie weiter nach feinen Dingen.
Hand hin und her bewegen
Plötzlich entdeckt sie etwas ganz Süßes. Sie entdeckt dich.
Die kleine Knuspermaus wird neugierig, ob das, was sie jetzt sieht, wohl schmeckt.
Sie knuspert an deinen Ohren, an deiner kleinen Nase, an deinen Armen,
an deinem Bauch, an deinen Beinen und nun auch noch an deinen Zehen.
an den genannten Körperteilen knabbern
„Hm, du schmeckst aber gut!", sagt die kleine Knuspermaus ganz leise.
„Und weil ich noch so viel Hunger habe, knabber' ich noch ein wenig an dir rum!"
noch einmal einige Körperteile anknabbern
Doch nun ist die kleine Knuspermaus satt. Sie bedankt sich bei dir und
gibt dir einen Knuspermausekuss und dann läuft sie ganz schnell fort.
die Hand auf den Rücken legen

Veränderung:
Die kleine Knuspermaus kann zur Abwechslung auch mal auf dem Rücken herumknabbern.

Die Löffelgeschichte

Mitmachgeschichte **Alter: ab 4 Jahren**

Spielverlauf:

Zunächst stellen Sie Ihrem Kind ein Rätsel:
„Was ist das: Willst du eine Suppe essen, dann darfst du etwas nicht vergessen!" – „Einen ... (Löffel)!" (Das Wort „Löffel" sagt Ihr Kind.)
Danach können Sie mit Ihrem Kind darüber sprechen, wie viele verschiedene Löffel es gibt: große, kleine, eher runde, eher eckig geformte, schwere, leichte, Löffel aus Holz, aus Silber, aus Metall. Geben Sie Ihrem Kind nun zwei Kaffeelöffel in die Hand. Bitten Sie es, immer dann die beiden Löffel zusammenzuschlagen, wenn in der Geschichte ein Löffel erwähnt wird.

Förderziele:

Ihr Kind kann das Signalhören üben, seine Konzentrationsfähigkeit verbessern, seinen Wortschatz erweitern, seine akustische und visuelle Wahrnehmung verbessern und dabei lernen, Gehörtes zu verstehen und umzusetzen.

Hinweis:

In dieser Geschichte wird Ihr Kind mit dem Doppellaut „ff" vertraut gemacht. Sprechen Sie daher die Worte deutlich aus. Ihr Kind wird die Geschichte mit Spaß miterleben, wenn ihm die Begriffe der verschiedenen Löffel klar sind. Benennen Sie daher auch im Alltag alle Dinge mit dem richtigen Namen. So kann Ihr Kind seinen Wortschatz mühelos und korrekt erweitern.

Die Löffelgeschichte

In der Schublade des großen alten Küchenschranks liegen ganz viele Löffel. Der Suppenlöffel liegt neben dem Kaffeelöffel, der Eierlöffel liegt neben dem Soßenlöffel, der Sahnelöffel liegt neben dem Eislöffel und ganz in der Ecke neben dem Messer liegt der Reislöffel. Obwohl sie schon ganz lange hier zusammen liegen, weiß kein Löffel von dem anderen Löffel, was er tut.

Eines Abends, als es den Löffeln in der Schublade langweilig wird, meldet sich der Reislöffel und sagt: „Ich bin der Reislöffel und mit mir füllt man Reis auf den Teller." Mit einem Mal meldet sich der Suppenlöffel und sagt: „Ich bin der Suppenlöffel, mit mir isst man die Suppe." Auch der Kaffeelöffel ist nicht still und sagt: „Ich bin der Kaffeelöffel, mit mir misst man das Kaffeepulver ab." Nun meldet sich auch der Eierlöffel und sagt: „Ich bin der Eierlöffel und mit mir isst man das Frühstücksei." Daraufhin meldet sich der Sahnelöffel und ruft ganz laut: „Ich bin der Sahnelöffel, mit mir füllt man die süße Sahne auf den Kuchen." Der Soßenlöffel, der bis jetzt ganz ruhig war, meldet sich auch und sagt: „Mit mir gießt man sich die braune Soße ..." – und bevor er seinen Satz zu Ende sprechen konnte, riefen alle Löffel gleichzeitig ganz laut: „... über die Hose!" Da mussten alle Löffel in der Schublade ganz laut lachen.

Veränderung:
Holen Sie aus Ihren Schubladen alle Löffelarten zusammen, die Sie in Ihrem Haushalt haben. Gemeinsam mit Ihrem Kind können Sie nun die Löffel benennen, über ihre Aufgaben sprechen und sie von Ihrem Kind dann wieder an den Platz zurückbringen lassen, von dem Sie die Löffel hergeholt haben.

Eine kleine Muschel

Reimgeschichte **Alter: ab 5 Jahren**

Spielverlauf:
Ihr Kind schließt die Augen, erfühlt und benennt eine Muschel. Ein Gespräch, beispielsweise über den letzten Urlaub, kann sich anschließen. Danach erzählen Sie die Reimgeschichte und laden Ihr Kind ein mitzuspielen. Es soll dabei versuchen, immer das letzte Wort jeder zweiten Zeile laut und deutlich zu sprechen.

Vorübung:
Zunächst mit Wörtern reimen (Haus – Maus, Schuh – Kuh usw.).

Förderziele:
Ihr Kind soll lernen, den Sprechrhythmus und die Lautstruktur von Versen und Reimen zu erkennen, es soll Gehörtes verstehen und in Handlung umsetzen, seine Konzentrationsfähigkeit, Sprechmotorik und Ausdrucksfähigkeit verbessern sowie ein Reimverständnis aufbauen.

Hinweis:
Ihr Kind wird hier mit der Lautverbindung „sch" vertraut gemacht. Sprechen Sie daher das Wort Muschel besonders deutlich. Klatschen Sie bei dem Reim mit, so festigt sich der Sprechrhythmus und die Reimstruktur ist leichter zu erkennen. Ihr Kind lernt auf diese Weise Grundsätzliches über Satzkonstruktion und Satzlänge kennen.

Eine kleine Muschel

Eine kleine Muschel liegt im tiefen Meer, sie sieht viele Fische, ja, das mag sie ... (sehr).
Plötzlich kommt die Welle, trägt die Fische fort, die Muschel liegt alleine hier an diesem ... (Ort).
Eine kleine Muschel liegt im tiefen Meer, sie sieht viele Krebse, ja, das mag sie ... (sehr).
Plötzlich kommt die Welle, trägt die Krebse fort,
die Muschel liegt alleine, hier an diesem ... (Ort).
Eine kleine Muschel liegt im tiefen Meer, sie sieht viele Muscheln, ja, das mag sie ... (sehr).
Plötzlich kommt die Welle, trägt alle Muscheln fort,
die Welle kullert weiter, an einen andren ... (Ort).

Variante:
Erzählen Sie diese Geschichte zunächst als reine Reimgeschichte. Danach können Sie mit Ihrem Kind zusammen bestimmten Worten bestimmte Bewegungen zuordnen.

4.3 Kunterbunte Sprachspiele

Alter: ab 3 Jahren

Spielverlauf:
Der Schweregrad der Spiele sollte dem Alter Ihres Kindes entsprechen, d. h.: Ist Ihr Kind jünger als drei Jahre, machen Sie die Spiele leichter, ist es älter, erschweren Sie sie. Die folgenden Spiele schreiben Sie bitte auf Zettel. Holen Sie aus jedem Raum Ihres Hauses oder Ihrer Wohnung ein bis zwei Gegenstände, die Ihr Kind mit geschlossenen Augen erfühlen und erraten soll. Ein Gespräch über den Gebrauch dieser Dinge schließt sich an. Nun legen Sie die Zettel mit den Aufgabenstellungen auf den Tisch, Ihr Kind kann sich einen Zettel nehmen. Sie lesen die Aufgabe vor und Ihr Kind erledigt sie möglichst selbstständig. Danach nimmt es sich einen neuen Zettel etc.

Förderziele:
Diese Spiele sollen die Sprechfreude Ihres Kindes wecken, seine Konzentrationsfähigkeit fördern, den Wortschatz erweitern, seine Kommunikationsfreude wecken, sein Gedächtnis schulen und ihm helfen, Gehörtes zu verstehen und umzusetzen.

Hinweis:
Es geht bei diesen Spielen um eine klare Spielanweisung Ihrerseits. Nur so kann Ihr Kind die Spiele problemlos und mit Spaß erleben. Nachdem die Aufgaben erfüllt sind, benennen Sie die zusammengesuchten Dinge gemeinsam mit Ihrem Kind noch einmal mit deren korrekten Namen. Nur so kann sich der Wortschatz Ihres Kindes fehlerlos erweitern.

1. Aufgabe:
Legen Sie je nach Alter Ihres Kindes drei bis zehn verschiedene Dinge Ihres Haushalts, von denen Sie noch ein zweites Exemplar im Haushalt besitzen, auf den Tisch. Ihr Kind schaut sich diese Dinge alle gut an, nimmt einen Korb oder einen Beutel und holt nun die gleichen Dinge aus den entsprechenden Räumen zusammen. Auf diese Weise ist ein Gegenstandsmemory entstanden.

2. Aufgabe:
Dies sind mögliche Aufgabenstellungen für Ihr Kind. Die Anzahl der zu suchenden Dinge richtet sich nach seinem Alter:
– „Hole drei (bis zehn) Dinge aus dem Bad, die weich sind."
– „Hole drei (bis zehn) Dinge aus der Küche, mit denen man kocht."
– „Hole drei (bis zehn) Dinge aus dem Wohnzimmer, die rot sind."
Diese Aufgaben erfüllt Ihr Kind selbstständig und nacheinander. (Die Dinge, die es holen soll, sind hier natürlich nur beispielhaft angegeben. Sie können die Aufgabenstellung beliebig ergänzen und erweitern.)

3. Aufgabe:
Suchen Sie Gegenstände aus dem Haus zusammen, mit denen man ein Geräusch machen kann, wie z.B. einen Föhn, einen Schneebesen, einen Topfdeckel und so weiter. Ihr Kind schließt die Augen und Sie machen ihm die Geräusche, die Sie mit den einzelnen Gegenständen produzieren können, nacheinander vor. Ihr Kind soll nun diese Geräusche erraten und den Gegenständen zuordnen.
Je nach Alter kann das Kind die Gegenstände vorher sehen. Ab dem fünften Lebensjahr sollte es die Gegenstände erraten, ohne sie vorher gesehen zu haben.

4. Aufgabe:
Beschreiben Sie einen auffälligen Gegenstand aus einem Zimmer. Ihr Kind muss sich die Beschreibung merken und diesen Gegenstand holen.

5. Aufgabe:
Stellen Sie in jeden Raum einen Gegenstand, der nicht dorthin gehört (Tasse ins Badezimmer). Ihr Kind soll nun durch die Räume gehen und die Teile einsammeln.

6. Aufgabe:
Fordern Sie Ihr Kind auf, alle für diese Spiele gebrauchten Gegenstände dorthin zu bringen, wohin sie gehören.

Veränderung: Natürlich sollten auch Sie mal eine Aufgabe lösen.

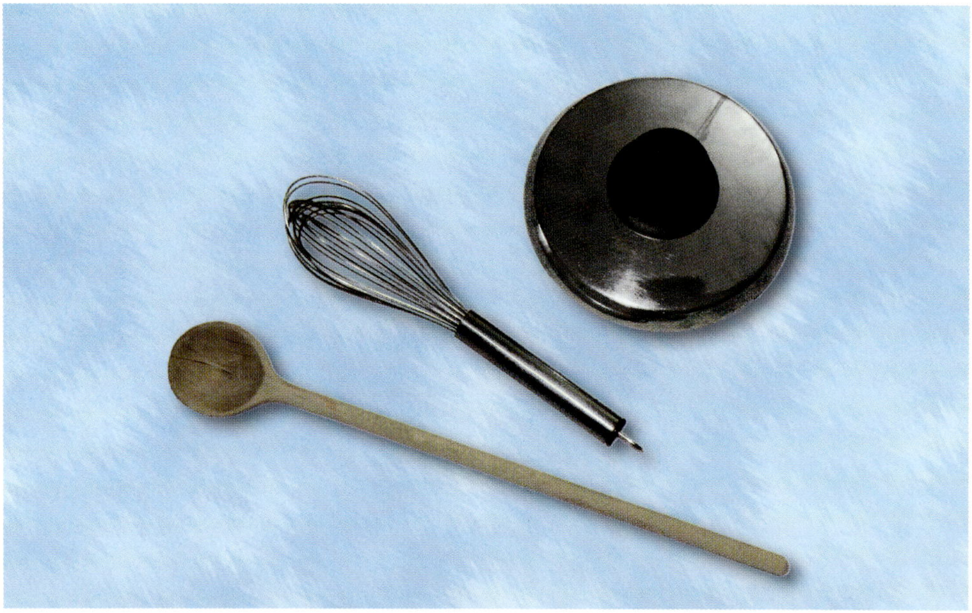

4.4 Rhythmische Sprechverse

Alter: ab 4 Jahren

Spielverlauf:
Diese Versgeschichten werden durch Ihre Sprechweise zu rhythmischen Versen und verdeutlichen so Unterschiede in Satzbau und Satzlänge.

Förderziele:
Die Sprechfreude Ihres Kindes wecken, seine Konzentrations- und Koordinationsfähigkeit verbessern, sein Reimverständnis festigen, es Sprechrhythmus und Dynamik erleben lassen.

Hinweis:
Tragen Sie die Verse mit Stimm- und Tempoveränderungen vor und lassen Sie Ihr Kind entsprechend zum Text klatschen. Wenn Sie die Verse mehrmals wiederholt haben, lassen Sie Ihr Kind versuchen, die Verse mitzusprechen. Dabei lernt Ihr Kind Lautverbindungen wie beispielsweise das „tz" kennen, die eine deutliche Aussprache erfordern (Beispielwörter wären: „Schmusekatzen" oder „Tatzen"). Sprechen Sie diese Wörter bewusst und deutlich, um Ihrem Kind beim Erlernen dieser Lautverbindungen zu helfen. Je darstellender und deutlicher Ihre Darbietung ist, desto einfacher ist das Nachsprechen für Ihr Kind. Es lernt auf diese Weise spielerisch – wie bei allen Reimen und Versen – Grundsätzliches über Satzbau und Satzlänge kennen.

Zwei ganz kleine Schmusekatzen

Zwei ganz kleine Schmusekatzen
streicheln sich mit ihren Tatzen.
Putzen dann ihr weiches Fell,
laufen fort jetzt ganz, ganz schnell.

Wilde Winde wehn daher

Wilde Winde wehn daher,
bunte Blätter baumeln sehr.
Flattern, fliegen, fallen schnell,
der Wind verschwindet auf der Stell.

Der braune Bär stapft durch den Wald

Der braune Bär stapft durch den Wald,
sein Brummen durch die Bäume hallt.
brummen
Er brummt und brummt, so laut er kann,
fängt nun ganz schnell zu laufen an.
Er brummt und rennt, o weh, o Schreck,
und plötzlich ist der Brummbär weg.

Komm, wir wollen Plätzchen backen

Komm, wir wollen Plätzchen backen
und dafür die Nüsse knacken.
Butter, Mehl und Zucker wiegen,
schauen, wo die Eier liegen.
Hole drei und fange dann,
tüchtig mit dem Kneten an.
Roll den Teig jetzt ganz dünn aus,
hol aus dem Schrank die Förmchen raus.
Leg die Plätzchen auf's Papier,
was nun kommt, verrat ich dir.
Ich sitz am Tisch und schau in Ruh
den Plätzchen nun beim Backen zu.
Knusprig braun und kugelrund
steck ich die Plätzchen in den Mund.

Kleine Mäuschen, große Mäuschen

Kleine Mäuschen, große Mäuschen,
alle kommen aus dem Häuschen.
Suchen nach dem fetten Speck,
kommt die Katz, dann sind sie weg

Grüne Gurken sind im Garten

**Grüne Gurken sind im Garten,
der Gärtner kommt mit einem Spaten.
Die Gurken bringt er nun ins Haus
und jetzt ist die Geschichte aus.**

A und O, ich bin ja heut so froh

**A und O, ich bin ja heut so froh.
O und A, denn Oma, die ist da.
Sie liest mir dann Geschichten vor,
ich bin ganz still und spitz mein Ohr.
A und O, ich bin ja heut so froh.**

Wenn Sie den Reim wiederholen, kann anstelle der Oma auch der Name jeder anderen Bezugsperson Ihres Kindes eingesetzt werden.

Variante:
Diese Versgeschichten können zu jeder Zeit und an jedem Ort, als Fingerspiel, Körperspiel und Bewegungsspiel durchgeführt werden.

Könige aus dem fremden Land

Versgeschichte für die Weihnachtszeit **Alter: ab 5 Jahren**

Spielverlauf:
Zu Beginn dieser Versgeschichte stellen Sie Ihrem Kind folgendes Rätsel:

„Wer ist das:
Er regiert ein ganzes Land,
ist durch Märchen dir bekannt.
Trägt eine Krone, ist sehr reich,
wenn du es weißt, sag es mir gleich.“

Natürlich ist es der König! Sie können an dieses Rätsel ein Gespräch über die Heiligen Drei Könige anschließen. Dann laden Sie Ihr Kind ein, in der folgenden Versgeschichte immer das letzte Wort in der zweiten Zeile laut mitzusprechen.

Förderziele:
Verbesserung der Artikulation und der Konzentration Ihres Kindes; es soll lernen, die Sprache als Lernhilfe zu erleben und eine Sprechdynamik zu erkennen. Dazu sollte der Vers abwechselnd leise, laut, langsam und schnell vorgetragen werden.

Hinweis:
In dieser Versgeschichte erhält Ihr Kind eine Vielzahl von Informationen. Die Geschichte regt außerdem zur Kommunikation an, in der Ihr Kind lernt, sich sprachlich mit der Thematik der Weihnachtsgeschichte auseinander zu setzen.

Könige aus einem fremden Land

**Könige aus einem fremden Land,
Kaspar, Melchior und Balthasar ... (genannt),
die kommen heut zum Jesuskind,
weil sie seine Freunde ... (sind).**

**Sie treten leise in den Stall,
Licht erstrahlt hier ... (überall).
Das Jesuskind, es liegt auf Stroh,
das kleine Kind, es lacht sehr ... (froh).**

Die Könige, sie knien nieder
und singen laut ganz frohe ... (Lieder).
Sie haben an das Kind gedacht
und darum etwas ... (mitgebracht).

Gold, Myrrhe und noch mehr,
Maria, ja, die freut sich ... (sehr).
Auch Josef, der sagt: „Dankeschön“,
bevor die drei dann wieder ... (gehn).

Variante:
Basteln Sie doch zusammen mit Ihrem Kind aus goldenem und buntem Folienpapier eine Königskrone für jedes Kind, das an dieser Versgeschichte teilnimmt.

CLASSIC SPORTS
GIRLS LEAGUE

5 Wer gut sprechen will, muss richtig hören können

Schon im Mutterleib kann ein Kind hören. Es nimmt Geräusche wahr. Den Herzschlag der Mutter, ihren Atemrhythmus, ja, sogar Verdauungsgeräusche hört das ungeborene Kind. Aber auch Geräusche von außen wie Musik oder Lärm werden registriert.

So begleiten einen gesunden Menschen Töne, Klänge und Geräusche – einmal lauter, einmal leiser – sein Leben lang. Stille und geräuschlose Momente, die ein Mensch im wachen Zustand erlebt, gibt es selten. Daher ist es nicht verwunderlich, wenn ein Mensch irgendwann einfach „abschaltet" und sich so vor der Flut der Geräusche schützt. Er erwirbt diese Fähigkeit im Laufe seines Lebens und sie ermöglicht es ihm, sich trotz der ihn umgebenden Geräusche auf das konzentrieren zu können, was ihn im Moment interessiert. Sicher haben Sie schon einmal beobachtet, dass Sie mitten im größten Trubel konzentriert ein Buch lesen können, wenn es Sie richtig fesselt. Sie sind dann zwar von Geräuschen umgeben, schalten aber ab und nehmen nur das wahr, was für Sie in diesem Moment wichtig ist. So kann es auch Ihrem Kind passieren, dass es ins Spiel vertieft ist und Ihren Ruf überhört und ohne zu reagieren weiterspielt. Es nimmt auch nicht wahr, dass Sie Ihre Aufforderung wiederholen – und schon gibt es Streit.

Doch bevor Sie Ihr Kind ein drittes Mal rufen und schon leicht darüber gereizt sind, dass es Sie nicht hört, überprüfen Sie doch erst einmal Ihre Umgebung. Sind vielleicht zurzeit das Radio oder sogar der Fernseher an, staubsaugen Sie gerade, während Sie Ihr Kind um etwas bitten, oder gibt es andere laute Geräusche, die Ihr Kind dazu bringen abzuschalten? Kinder, die immer oder zumindest sehr häufig von Geräuschen umgeben sind, zeigen mit der Zeit Auffälligkeiten in ihrem Verhalten, in ihrer Sprache und in ihrem Sozialverhalten. Sie sind nur noch schwer in der Lage, sich zu konzentrieren, hören nicht zu und sprechen auch entsprechend undeutlich.

Sorgen Sie daher für eine ruhige Umgebung, wenn Sie mit Ihrem Kind sprechen, und setzen Sie gezielt Spiele ein, die die akustische Wahrnehmung Ihres Kindes verbessern. Denn wer gut hört, der spricht auch gut.

5.1 Bewegungsgeschichten

Holler, boller, Rumpelpack

Bewegungsgeschichte **Alter: ab 4 Jahren**

Spielverlauf:
Fordern Sie Ihr Kind auf, zunächst immer das letzte Wort in der zweiten Zeile der folgenden Bewegungsgeschichte laut mitzusprechen. Beim zweiten Durchlauf kann Ihr Kind dem Text entsprechend rhythmisch mit den Händen auf seine Oberschenkel schlagen. Danach ist es selbst der Räuber und spielt den Text.

Förderziele:
Ihr Kind lernt, Sprechrhythmus und Sprechdynamik zu erleben, Gehörtes zu verstehen und umzusetzen, die Lautstruktur der Geschichte zu erkennen. Es verbessert seine akustische Wahrnehmung, seine Sprech- und Bewegungsfreude werden geweckt.

Hinweis:
Tragen Sie die Geschichte in Versform dynamisch vor, d. h. laut, leise, schnell, langsam, und betonen Sie die erste Zeile bewusst deutlich. So fördern Sie die Artikulation Ihres Kindes, weil es die einzelnen Verse auf diese Weise gut „im Ohr hat“ und korrekt nachsprechen kann. Auch hier unterstützt das Klatschen den Sprechrhythmus und damit auch das Satzverständnis. Ihr Kind lernt, den Anlaut „r-” deutlich zu sprechen. Außerdem werden ihm die Doppellaute „–ll–” und das „–ck–” in einer Wortverbindung vertraut gemacht.
Und ganz sicher wird es viel Spaß beim Nachsprechen haben!

Holler, boller, Rumpelpack

Holler, boller, Rumpelpack, der Räuber, der trägt einen ... (Sack).
Darin versteckt er heute eine richtig fette ... (Beute).

Holler, boller, Rumpelpack, der Räuber, der trägt einen ... (Sack).
Den Schatz, den kann er braten, was er hat, wird nicht ... (verraten).

Holler, boller, Rumpelpack, leer ist nun sein großer ... (Sack).
Sein Bauch ist voll, nun muss er ruh’n und viele Stunden nichts mehr ... (tun).

Holler, boller, Rumpelpack, sag, was war in seinem ... (Sack)?
Es war etwas zum Braten, kannst du die Beute ... (raten)?

Variante:

Sie und Ihr Kind haben je einen Einkaufsbeutel in der Hand. Jeder von Ihnen geht nun allein und unbeobachtet durch den Raum und sucht fünf Dinge zusammen, die in den Beutel gelegt werden. Danach kommen beide zurück an den Ursprungsplatz. Zuerst darf Ihr Kind in Ihren Beutel fassen und erfühlen und erraten, was Sie erbeutet haben. Danach fühlen und erraten Sie, was Ihr Kind mitgebracht hat. Zum Schluss bringt jeder seine Beute zurück.

Mein kleiner Teddybär

Bewegungslied **Alter: ab 3 Jahren**
zu singen auf die Melodie „Zehn kleine Negerlein"

Spielverlauf:
Ihr Kind schließt die Augen. Halten Sie ihm einen Kuschelbären hin, den es in aller Ruhe erfühlen soll. Unterhalten Sie sich dann mit Ihrem Kind über seinen Bären und lassen Sie es typische Bärenbewegungen nachahmen. Danach singen Sie Ihrem Kind das Bewegungslied mehrmals vor. Anschließend singen Sie beide das Lied gemeinsam und Ihr Kind führt die Bewegungen dem Text entsprechend durch.

Hinweis:
Damit Ihr Kind den Text gut lernt, klatschen, stampfen und tanzen Sie ihn mit Ihrem Kind zusammen, so wie es Ihnen Spaß macht. Wenn Ihr Kind den Text beherrscht, achten Sie bitte darauf, dass es die Bewegungen wirklich so ausführt, wie das Lied es verlangt. Üben Sie die einzelnen Bewegungsarten gegebenenfalls losgelöst vom Lied. Ihr Kind wird danach das Singen und Bewegen problemlos miteinander verbinden können. Durch dieses Lied wird der kindliche Wortschatz erweitert. Benutzen Sie auch im Alltag die korrekten Bezeichnungen für Bewegungsarten.

Mein kleiner Teddybär

Mein kleiner Teddybär, der tanzt den ganzen Tag,
er dreht sich schnell, er dreht sich schnell,
weil er das gerne mag.
Mein kleiner Teddybär, der tanzt den ganzen Tag,
er hüpft dabei auf einem Bein,
weil er das gerne mag.
Mein kleiner Teddybär, der tanzt den ganzen Tag,
er stampft ganz fest, er stampft ganz fest,
weil er das gerne mag.
Mein kleiner Teddybär, der tanzt den ganzen Tag,
er trippelt schnell, er trippelt schnell,
weil er das gerne mag.
Mein kleiner Teddybär, der braucht jetzt etwas Ruh,
er legt sich hin, er legt sich hin,
macht seine Augen zu.

Förderziele:
Ihr Kind lernt, eine Singmelodie zu erleben. Es verbessert seine Konzentration und Koordination, erweitert seinen Wortschatz, seine akustische Wahrnehmung wird gefördert und seine Bewegungsfreude geweckt.

Weitere Anregungen zur Förderung der Sprechfreude:
1. Alle Bewegungen des Teddybären aufzählen und nacheinander durchführen;
2. ein Bärenbilderbuch betrachten und weitere Dinge über die Lebensweise von Bären erfahren;
3. andere Dinge aufzählen und durchführen, die ein Bär gerne macht (klettern, sich auf dem Boden rollen, sein Fell putzen ...);
4. Honig probieren und gemeinsam einen Honigkuchen backen.

5.2 Mitmachgeschichten

Bruno Bärenstark

Mitmachgeschichte **Alter: ab 4 Jahren**

Spielablauf:
Zunächst stellen Sie Ihrem Kind ein Fühlrätsel. Ihr Kind schließt die Augen und muss einen Teddybären erfühlen und erraten. Danach kann sich ein Gespräch über das Leben von Bären anschließen. Vermutlich hat der Teddy Ihres Kindes schon einen Namen. Sonst kann Ihr Kind ihm nun einen geben oder für ihn den Namen des Teddys der folgenden Geschichte übernehmen. Laden Sie Ihr Kind dazu ein, immer dann, wenn der Name des Bären (hier: Bruno) genannt wird, aufzustehen, wie ein Bär zu brummen und sich stapfend einmal im Kreis zu drehen.

Förderziele:
Ihr Kind lernt das Signalhören, seine akustische Wahrnehmung und seine Artikulation werden verbessert, seine Konzentration und Aufmerksamkeit gefördert; es erlebt und erlernt Sprachdynamik.

Hinweis:
Ihr Kind lernt die Lautverbindung „–br–" sprechen. Da diese schwer auszusprechen ist, achten Sie bitte besonders auf eine korrekte Aussprache.

Bruno Bärenstark

Bruno ist ein kleiner brauner Bär, der erst vor einigen Monaten hier im Zoo Immergrün geboren wurde. Er hat einen starken Vater, eine liebe Mutter und eine ältere, sehr lustige Schwester. Zusammen sind sie die Familie Bärenstark. Tina, die Tierpflegerin, die hier im Zoo für die Bären sorgt, hat die Bärenfamilie so genannt, weil sie die vier bärenstark findet und sie und die vier Bären so richtig gute Freunde sind.
Bruno Bärenstark lebt hier sehr zufrieden und ist ein glücklicher Bär. Er und seine Schwester, der Tina übrigens den Namen Brunhilde gegeben hat, strolchen den lieben langen Tag in ihrem Gehege herum. Langweilig wird es ihnen hier eigentlich nie, denn es gibt immer etwas zu entdecken.
Doch jetzt in der kalten Winterzeit, da gibt es hin und wieder schon einmal ein paar langweilige Tage. Diese verbringt Bruno mit seiner Familie im warmen Bärenhaus. Dann kraulen sie sich gegenseitig das Fell, kuscheln dicht zusammen und schlecken eine Sonderportion Honig.
Bruno und Brunhilde hören gern den Geschichten zu, die ihr bärenstarker Vater ihnen erzählt. Brunhilde will immer die gleiche Geschichte hören, nämlich die von dem Land, aus dem Papa und Mama kommen. Wo es dichte Wälder gibt, in denen man herumstrolchen kann. Wo die Flüsse so breit sind wie eine Autobahn und in denen Fische schwimmen, die so groß und dick sind wie das Brot, das ihnen Tina jeden Morgen bringt. Wo die Sonne fast immer ihr Fell wärmt und wo die Bären in richtigen Höhlen wohnen und nicht wie hier in Häusern. Bruno kennt die Geschichten auch schon, aber er hört sie genauso gerne wie Brunhilde. Nicht dass die zwei hier unglücklich wären, aber manchmal möchten sie doch einmal dorthin, wo Papa und Mama eigentlich zu Hause sind.
Wenn ihnen Papa diese Geschichten erzählt, schließen Bruno und Brunhilde fest die Augen, um sich alles besonders gut vorstellen zu können. Hin und wieder schläft Bruno auch dabei ein und träumt dann einen ganz langen Traum von dieser für ihn fernen, schönen Welt.

Veränderungen:

1. Bitten Sie Ihr Kind, nur dann aufzustehen, wenn Sie „Bruno und Brunhilde" sagen.
2. Lassen Sie Ihr Kind ein Bild von Bruno malen.
3. Ein Besuch im Zoo rundet diese Geschichte zu einer Erlebnisgeschichte ab.

Bruno Bärenstark und der brennende Himmel

Mitmachgeschichte **Alter: ab 4 Jahren**

Spielablauf:
Zunächst machen Sie es sich mit Ihrem Kind und seinem Teddy bequem. Wenn Sie nun die „Bruno-Geschichte" vorlesen, kann Ihr Kind – wie schon bei der vorausgehenden Geschichte – bei der Erwähnung des Namens Bruno einmal laut brummen, sich drehen und sich dann wieder zu Ihnen setzten.

Förderziele:
Das Signalhören Ihres Kindes, seine Konzentration und Aufmerksamkeit, sein Artikulationsvermögen sowie seine akustische Wahrnehmung werden gefördert; es erlebt Sprachdynamik (laut–leise, langsam–schnell).

Hinweis:
Ihr Kind lernt die Lautverbindungen „–br–", „–kr–" und „–kn–" sprechen. Da diese schwer auszusprechen sind, achten Sie bitte unbedingt auf eine korrekte Aussprache.

Bruno Bärenstark und der brennende Himmel

Wie so oft hat Bruno auch heute einen sehr aufregenden Tag erlebt. Viele Zoobesucher haben ihn bestaunt und bewundert. Und dabei auch ganz viel Lärm gemacht. Davon ist Bruno sehr müde geworden. Deshalb geht er heute etwas früher als sonst ins Bett.
Doch kaum ist Bruno eingeschlafen, da wird er von lautem Krachen, Zischen und Knallen geweckt. Erschrocken öffnet er die Augen und schaut durch das Fenster des Bärenhauses. Er sieht etwas Sonderbares. Am Himmel stehen funkelnde, blitzende Sterne, die krachen und zischen. So etwas hat er noch nie gesehen. Bruno bekommt schreckliche Angst.
Noch ganz verschlafen poltert er zur Mama, die schlummernd in der Ecke liegt. Er zupft an ihrem Fell herum und sagt leise, aber sehr aufgeregt mit brummiger Stimme: „Mama, aufwachen, ich glaube, die Welt geht unter. Überall zischt und kracht es, und der ganze Himmel ist voller bunter Sterne. Der Himmel brennt. Bitte komm und schau dir das an."
Mama Bärenstark möchte eigentlich viel lieber weiterschlafen, doch weil Bruno so aufgeregt ist, kommt sie mit. Zusammen gehen sie vor das Bärenhaus und immer noch kracht, blitzt und zischt es bunte Sterne. „Ach Bruno", sagt Mama Bärenstark, „das ist ein Feuerwerk. Die Menschen entzünden Feuerwerkskörper und begrüßen damit das neue Jahr. Sie freuen sich, weil das alte Jahr zu Ende ist und ein neues beginnt. Die Menschen wünschen sich dann viele schöne Dinge, sie umarmen sich, schließen die Augen und sind ganz, ganz glücklich." „Aber was wünschen sie sich denn?", fragt Bruno neugierig. „Wünschen sie sich einen großen Topf Honig oder einen

Sack Erdnüsse?" „Nein", sagt Mama Bärenstark und legt ihre Tatze auf Brunos Schultern, „sie wünschen sich, dass sie gesund bleiben, dass sie ihre Freunde behalten, dass alle Menschen sich verstehen oder dass es ihnen in diesem neuen Jahr gut geht." „So gut wie uns?", fragt Bruno. „Ja, so gut wie uns", sagt Mama Bärenstark. „Mach schnell deine Augen zu und wünsch dir auch etwas", sagt sie.
Von dem Krach sind nun auch Brunhilde und Papa Bärenstark wach geworden. Alle vier stehen vor der Tür und schauen sich das bunte Feuerwerk an. Mama, Papa und Brunhilde schließen die Augen und wünschen sich etwas. Auch Bruno macht seine Augen zu und wünscht sich mit aller Inbrunst etwas. Welchen Wunsch er hat, das verrät er nicht, das bleibt sein Bärengeheimnis.
Nach einiger Zeit ist die Welt wieder ruhig und dunkel und die vier Bären legen sich schlafen. Bruno schläft auch schnell ein, denn er ist jetzt sehr, sehr müde.

Variante:
Gemeinsam mit Ihrem Kind können Sie das Kuscheln, Kraulen, Klettern und Stapfen der Bären nachspielen.

Bruno Bärenstark nimmt Reißaus

Mitmachgeschichte **Alter: ab 4 Jahren**

Spielverlauf:
Wie gewohnt machen Sie es sich mit Ihrem Kind und dessen Teddybär auf dem Sofa bequem und erzählen Ihrem Kind die „Bruno-Geschichte". Wieder fordern Sie Ihr Kind auf, bei dem Wort „Bruno" laut zu brummen.

Förderziele:
Das Signalhören, die Konzentration und Aufmerksamkeit Ihres Kindes werden gefördert, seine akustische Wahrnehmung und seine Artikulation verbessert; es erlebt Sprachdynamik.

Hinweis:
Ihr Kind übt auch in dieser Geschichte wieder die Lautverbindungen „–br–" und „–kr–" zu sprechen. Da diese schwer auszusprechen sind, achten Sie bitte auf eine korrekte Aussprache.

Bruno Bärenstark nimmt Reißaus

Wie jeder weiß, mag Bruno sehr gerne süßen Honig. Oft kommt er mit seiner Portion gar nicht aus und dann ist er froh, wenn ihm seine Mutter etwas von ihrem Honig abgibt. Niemals würde er auch nur einen einzigen Tropfen Honig vergeuden. Deshalb leckt er mit seiner langen Zunge jeden Topf aus. Damit ihn dabei niemand sieht – denn natürlich weiß Bruno, dass man das nicht tut –, geht er fürs Topflecken gern in sein Versteck. Das ist eine alte verfallene Hütte. Sie hat kein Dach, keine Tür und keine Fenster, aber dafür noch vier Wände.

Direkt neben der verfallenen Hütte steht ein Apfelbaum. Seine Äste breiten sich so weit aus, dass sie wie ein Dach über der Hütte schweben. Im Frühling steht der Apfelbaum in voller Blüte. Bruno riecht den Blütenduft gern. Hier an diesem friedlichen Platz kann er in Ruhe lecken, sich beschmieren und den süßen Honig genießen.

An einem wunderschönen Nachmittag geht Bruno mit Mutters Honigtopf wieder in sein Versteck. Völlig zufrieden leckt er den Topf leer. Plötzlich aber wird er dabei von einem Geräusch gestört. O je! Bruno kennt dieses Geräusch nur zu gut und er weiß, dass jetzt etwas Schreckliches auf ihn zukommt. Ängstlich schaut er nach oben und da sieht er sie auch schon. Seine Vermutung stimmt. Über ihm fliegt ein Schwarm Bienen. Sie suchen Nektar. Leider mögen auch sie Honig. Bruno nimmt den Topf und rennt so schnell er kann davon. Er rennt wie um sein Leben, denn er weiß, was geschieht, wenn die Bienen ihn einholen. Bruno rennt und rennt. Seine Schritte werden größer, aber die Bienen kommen trotzdem immer näher. Bruno hält seinen Honigtopf ganz fest. Da sieht er in der Ferne einen Stall. Es ist der Ponystall. Bruno wird noch einmal schneller und mit letzter Kraft erreicht er den Stall, läuft hinein und wirft die Tür hinter sich zu. Völlig erschöpft schaut er durch das Fenster. Die Bienen fliegen genau vor seiner Nase herum und versuchen, in den Stall zu kommen. Doch der ist dicht.

Nach einiger Zeit wird es ruhig. Bruno schaut nach draußen. Die Bienen sind fort. Sie haben schließlich aufgegeben. Bruno stapft zurück nach Hause. Unterwegs schaut er sich immer wieder um, doch von den Bienen ist weit und breit nichts mehr zu sehen.

Zu Hause setzt er sich in eine Ecke und leckt den Topf noch mal in Ruhe sauber. Hier ist er sicher, hier kann ihn keine Biene jagen.

In der folgenden Nacht träumt Bruno von dieser Verfolgungsjagd. Er beschließt am nächsten Morgen, in Zukunft seinen Honigtopf zu Hause auszulecken.

Veränderungen:

1. Auch aus dieser Geschichte kann eine Bewegungsgeschichte werden. Lassen Sie Ihr Kind alle Bewegungen, die Bruno und die Bienen machen, aufzählen und nachmachen.
2. Bilderbücher, die über das Leben von Bären oder Bienen berichten, regen Ihr Kind zum Sprechen an.
3. Backen Sie mit Ihrem Kind zusammen einen Honigkuchen. Sie werden staunen, wie gut man sich dabei unterhalten kann.

Bruno Bärenstarks neuer Spielgefährte

Mitmachgeschichte **Alter: ab 4 Jahren**

Spielverlauf:
Machen Sie es sich mit Ihrem Kind bequem. Holen Sie den Teddy, der vielleicht ab heute Bruno heißt, und erzählen Sie Ihrem Kind folgende Geschichte. Bei dem Wort Bruno kann Ihr Kind laut brummen.

Förderziele:
Das Signalhören Ihres Kindes fördern, seine akustische Wahrnehmung und Artikulation verbessern, seine Konzentration und Aufmerksamkeit fördern, es Sprachdynamik erleben lassen.

Hinweis:
Ihr Kind übt auch in dieser Geschichte, die Lautverbindungen „–br–" und „–kr–" zu sprechen. Da diese schwer auszusprechen sind, achten Sie bitte auf eine korrekte Aussprache.

Bruno Bärenstarks neuer Spielgefährte

Bruno hält es in seinem Gehege nie lange aus. Er will immer etwas Neues entdecken und erleben. Immer wenn es ihm langweilig ist, macht er sich aus dem Staub, um allein den Tag zu verbringen. Er stöbert dann im Zoo herum, schnüffelt mal hier und mal da und findet dabei oft sehr interessante Dinge.

Vor einigen Tagen hat er in einem kleinen Waldstück, das zum Zoo gehört, eine kleine Höhle gefunden. Doch bis jetzt konnte er noch nicht entdecken, wer darin wohnt. Da Bruno sehr neugierig ist, steckt er eines Tages seine kleine Bärennase ganz tief in den Höhleneingang. Doch kaum hat er sie in dem Loch, da bekommt er einen kräftigen Stubs auf die Nase. So schnell, wie er sie hineingesteckt hat, zieht er die Nase auch wieder heraus. Was war das? Der Schlag war so heftig, dass ihm seine Nase richtig weh tut.

Doch das kann den neugierigen kleinen Bruno nicht davon abhalten, es noch einmal zu versuchen. Vorsichtig steckt er seine Tatze in das Loch. Doch schon wieder wird er gepufft. Schnell zieht Bruno seine Tatze wieder heraus. Au, das tat weh. Bruno schaut sich seine Tatze an. Sie hat Kratzer und blutet sogar. Jammernd leckt Bruno seine Wunden.

Da streckt auf einmal jemand neugierig seine Nase aus dem Loch. Als das fremde Tier Bruno entdeckt, kommt es aus seinem Loch heraus und entschuldigt sich. Und weil Bruno ja ein sehr freundlicher Bärenjunge ist, nimmt er die Entschuldigung an. Das fremde Tier stellt sich vor. Es ist ein junger Fuchs. Bruno hat mit seiner Tatze in seinem Bau herumgewühlt, und das kann ein Fuchs ganz und gar nicht vertragen. Also entschuldigt sich auch Bruno.

Schon nach kurzer Zeit merken die zwei, dass sie sich sehr gut verstehen. Gemeinsam strolchen sie durch den kleinen Wald und entdecken, dass ihnen die gleichen Dinge Spaß machen. Der Fuchs, der Janni heißt, ist genauso neugierig wie Bruno. Den ganzen Nachmittag haben sie Spaß zusammen. Sie klettern auf Bäume, rutschen Baumstämme hinunter und springen über den schmalen Fluss, der sich durch den Wald schlängelt. Am Abend verabreden sie sich für den nächsten Tag.

Als Bruno wieder in seinem Gehege ist und müde in seinem Bett liegt, schaut er noch einmal auf seine Tatze. Er sieht die Schrammen; sie erinnern ihn an seinen neuen Spielgefährten. Er freut sich schon riesig auf den nächsten Tag. Bruno kuschelt sich an Mutters Fell und schläft schnell ein.

Veränderungen:

1. Aus dieser Geschichte kann eine Bewegungsgeschichte werden: Ihr Kind erinnert sich an die Bewegungen von Bruno und Janni und macht sie nach.
2. Bilderbücher über den Wald regen zum Gespräch an, erweitern den Wortschatz und vermitteln viel Sachwissen.

Flip und Flop

Mitmachgeschichte

Alter: ab 4 Jahren

Spielverlauf:
Zu Beginn dieser Mitmachgeschichte laden Sie Ihr Kind wieder zu einem Rätsel ein:

„Was ist das?
Du kannst in ihnen gehen, du kannst in ihnen stehen.
Sie halten deine Füße warm, du trägst sie nicht an deinem Arm." (Schuhe)

Sprechen Sie mit Ihrem Kind über Schuhe. Lassen Sie es seine eigenen Schuhe beschreiben, besprechen Sie mit ihm, warum man überhaupt Schuhe braucht und warum Tiere keine Schuhe tragen. Wenn Sie möchten, können Sie mit Ihrem Kind auch das Schuhanziehen üben.
Nun stellen Sie Ihrem Kind zwei besondere Schuhe vor: sie heißen Flip und Flop. Bitten Sie Ihr Kind, bei dem Wort „Flip" aufzustehen und sich bei dem Wort „Flop"wieder hinzusetzen.

Förderziele:
Die akustische Wahrnehmung Ihres Kindes wird gefördert, seine Konzentration und Merkfähigkeit verbessert. Seine Bewegungsfreude geweckt. Es lernt, Gehörtes zu verstehen und umzusetzen, und übt das Signalhören.

Hinweis:
In dieser Geschichte lernt Ihr Kind die Lautverbindung „–fl–" kennen. Achten Sie auf eine deutliche Aussprache. Ihr Kind lernt dabei Anlaute, in diesem Fall das „f–", deutlich auszusprechen.

Flip und Flop

Es waren einmal zwei wunderschöne Schlappen. Der eine hieß Flip, war rot und hatte weiße Blumen. Der andere hieß Flop, war weiß und hatte rote Blumen. Die beiden lagen mit vielen anderen Schlappen auf einem großen Tisch in einem Schuhgeschäft. Flip und Flop wurden täglich von vielen neugierigen Augen beguckt, bestaunt und dann doch wieder weggelegt.
Der Tisch, auf dem die Schlappen lagen, wurde im Lauf der Zeit immer leerer. Nur Flip und Flop lagen noch dort mit einigen anderen Schlappen. Flip und Flop wurden nur beguckt, bestaunt und dann doch wieder beiseite gelegt. Darüber waren Flip und Flop sehr traurig.
Eines Tages kam eine junge Frau mit einem Mädchen an den Tisch. Das Mädchen sah Flip und

Flop und rief sofort: „Mama, diese Schlappen will ich haben. Die nehme ich mit in den Urlaub." Ihre Mutter nahm Flip und Flop in die Hand und beguckte sie. Dann sagte sie: „Janina, da hast du dir aber besonders schöne Sandalen ausgesucht!" Janina probierte sie an und weil sie ihr passten, durfte sie Flip und Flop sofort anbehalten. Jetzt waren Flip und Flop sehr stolz, denn sie hatten Janina sehr glücklich gemacht.
Von dem Tag an erlebten Flip und Flop sehr viel, denn sie fuhren mit Janina nach Spanien. Täglich schmückten sie Janinas Füße und wurden für sie ihre Lieblingsschlappen. Erst als der Sommer vorbei war und der Herbst kam, wurden Flip und Flop in einen Karton gepackt. Weil sie Badeschlappen waren, mussten Flip und Flop nun fast ein Jahr lang im Karton auf den nächsten Sommer warten. Das machte ihnen aber gar nichts aus. Flip und Flop hatten so viel erlebt, dass sie sich die Zeit bis dahin mit den Erinnerungen an den letzten Sommer vertreiben konnten.

Variante:
Wenn Sie ein älteres Kind haben, so können Sie die Worte „Flip und Flop" gelegentlich in „Flop und Flip" umwandeln. Nur müssen Sie dann darauf achten, dass Sie beim nächsten Mal wieder mit „Flip" beginnen, da Ihr Kind dann ja schon steht. Sie können auch die Bewegungsweise verändern. So kann sich Ihr Kind beispielsweise bei „Flip" auf den rechten Oberschenkel schlagen und bei „Flop" auf den linken oder bei „Flip" mit dem rechten Fuß stampfen und bei „Flop" mit dem linken usw. Denken Sie sich mit Ihrem Kind zusammen Bewegungen aus.

Die drei Freunde

Mitmachgeschichte **Alter: ab 3 Jahren**

Spielverlauf:
Die Tiernamen werden durch ihre typischen Geräusche ersetzt. Ihr Kind soll die Geräusche erkennen und Ihnen die dazu passenden Tiere nennen. Zu Beginn stellen Sie Ihrem Kind einige Tiere pantomimisch vor. Diese soll es erraten.
Förderziele:
Den Wortschatz Ihres Kindes erweitern, seine Konzentration, seine akustische Wahrnehmung, sein Erinnerungsvermögen und seine Vorstellungskraft fördern, seine Artikulation verbessern, seine Sprech- und Bewegungsfreude wecken.
Hinweis:
Durch das aktive Produzieren von Geräuschen übt Ihr Kind seine Artikulation. Ihr Kind geht spielerisch mit Lautverbindungen um, die eine deutlichere Aussprache fordern und fördern. Es übt sich in seiner Mundmotorik und lernt Geräusche und Bewegungen zu benennen.

Die drei Freunde

Auf einem Bauernhof mit vielen Kühen, vielen Hühnern, vielen Enten, zwei braunen Pferden, einem großen Hund und einer schwarz-weißen Katze leben glücklich und zufrieden zwei kleine Mäuse. Sie führen hier auf dem Bauernhof ein sehr gutes und gefahrloses Leben, denn sie brauchen keine Angst vor der Katze zu haben. Die beiden Mäuse und die Katze sind nämlich gute Freunde.
Jeden Morgen, ganz früh, wenn der Hahn kräht und der Bauer und die Bäuerin noch schlafen, treffen sich die Mäuse und die Katze in der Küche, um dort gemeinsam zu frühstücken. Die Speisekarte ist hier jeden Tag anders. Mal finden sie auf den Tellern vom Vorabend, auf dem Fußboden oder auf der Arbeitsplatte Brotkrümel, mal Käsereste oder Speck und hin und wieder auch Schinkenreste, Wurst und Milch. Probiert wird alles, und die Mäuse und die Katze wundern sich, wie gut alles schmeckt. Weil sie richtige Freunde sind, wird alles geteilt. Wenn sie satt sind, dann verschwindet jeder dorthin, wo er am liebsten ist. Erst am nächsten Morgen treffen sie sich wieder zu ihrem gemeinsamen Frühstück.

Variante:
Erzählen Sie die Geschichte und stellen Sie die Tiere durch eine für sie typische Bewegung vor, die Ihr Kind dann erraten muss. Ihr Kind errät das Tier an der Bewegung.

Weitere Anregungen zur Förderung der Sprechfreude:
1. Erzählen Sie die Geschichte gemeinsam mit Ihrem Kind nach.

2. Zählen Sie zusammen nur die Tiere auf.
3. Machen Sie die Bewegungen der Tiere vor und lassen Sie Ihr Kind die Tiere raten.
4. Beschreiben Sie die Tiere und lassen Sie Ihr Kind die Tiere raten.
5. Schauen Sie gemeinsam ein Bilderbuch an oder besichtigen Sie einen Bauerhof.
6. Lassen Sie Ihr Kind die Tiere in Form von Kuscheltieren erfühlen und erraten.

Ping-Pong

Mitmachgeschichte **Alter: ab 4 Jahren**

Spielverlauf:
Ihr Kind steht bei dem Wort „Ping" auf und setzt sich bei dem Wort „Pong" wieder hin.
Förderziele:
Förderung der akustischen Wahrnehmung Ihres Kindes, Verbesserung seiner Konzentration und Merkfähigkeit. Es lernt, Gehörtes zu verstehen und umzusetzen, seine Bewegungsfreude wird geweckt; es übt das Signalhören.
Hinweis:

In dieser Geschichte lernt Ihr Kind den Anlaut „p–" deutlich zu sprechen. Sprechen Sie daher die Worte „Ping" und „Pong" deutlich und vielleicht etwas überzogen aus.

Ping-Pong

Georg geht nie aus dem Haus, ohne Ping-Pong in seiner Tasche zu haben. Denn Ping-Pong ist sein Lieblingsspielzeug. Rate einmal, was Ping-Pong für ein Spielzeug ist.
Ihr Kind soll nun das nennen, was es sich unter Ping-Pong vorstellt.
Damit du erraten kannst, was Ping-Pong ist, stelle ich dir ein Rätsel: Es ist klein, rund, bunt und aus Gummi, es ist ganz hart, es ist ein ... (Flummi). Ping-Pong ist also ein Flummi, und er springt ganz hoch, ganz weit und ganz schnell. Wenn er springt, dann macht er Musik, und das Lied heißt: Ping-Pong, Ping-Pong. Diese Musik ist so schön, dass die anderen Kinder, die diese Musik hören, ihren Flummi holen und gemeinsam mit Georg Ping-Pong spielen.
Wenn alle Flummis springen, dann ist das die schönste Ping-Pong-Musik der Welt.

Variante:
1. Bei dem Wort „Ping" mit der Hand auf den rechten Oberschenkel schlagen, bei dem Wort „Pong" auf den linken.
2. Einen Flummi besorgen und sich einander gegenüberstellen. Bei dem Wort „Ping" werfen Sie den Flummi Ihrem Kind zu, bei dem Wort „Pong" wirft Ihr Kind Ihnen den Flummi zurück.

Ein dicker, grauer Elefant

Reim **Alter: ab 5 Jahren**

Material:
ein Kuscheltierelefant

Spielverlauf:
Ihr Kind schließt die Augen, erfühlt und benennt das Kuscheltier. Ein Gespräch schließt sich an.

Variante:
Sie stellen pantomimisch einen Elefanten dar (mit Daumen und Zeigefinger der linken Hand an die Nasenspitze fassen, die rechte Hand von unten durch die kreisrunde Öffnung des linken Armes stecken – der Elefantenrüssel ist fertig. Nun kann die rechte Hand beliebig geschwenkt, gedreht oder gependelt werden). Sie machen laut „töröóö" und stapfen durch den Raum. Ihr Kind muss dieses pantomimische Rätsel erraten. Danach laden Sie es zum Reimen ein. Zur Übung kann es zunächst mit kurzen Worten reimen (beispielsweise: Sonne – Tonne; Blatt – satt; Zwerg – Berg).

Förderziele:
Ihr Kind soll: Lautstrukturen erkennen, ein Reimverständnis aufbauen, seine Konzentration, Aufmerksamkeit und Artikulation schulen, Gehörtes verstehen und umsetzen, seine akustische Wahrnehmung verbessern und eine motivierende Sprechdynamik erleben. Seine Sprechfreude soll geweckt werden.

Hinweis:
Mit diesem Reim lernt Ihr Kind viele schwere Lautverbindungen zu sprechen, z. B. das „–sch–", „–tz–", „–zisch–", „–kr–". Auch das Wort „Elefant" ist nicht alltäglich. Achten Sie bei Ihrem Kind auf eine deutliche Artikulation und klatschen Sie auch bei diesem Vers mit. So werden Ihrem Kind der Reimrhythmus und das Satzverständnis deutlicher.

Ein dicker, grauer Elefant

**Ein dicker, grauer Elefant,
der poltert durch das Wüsten ... (land).
Er poltert laut, er poltert schwer,
plötzlich kriecht etwas da ... (her).**

**Die Schlange, die schleicht durch den Sand,
sie sieht den dicken ... (Elefant).
Sie zischt ganz laut und liegt dann still,
weil sie sich verstecken ... (will).**

**Der dicke, graue Elefant,
der poltert weiter durch das ... (Land).
Die Schlange hat er nicht entdeckt,
denn sie hat sich gut ver ... (steckt).**

**Der dicke, graue Elefant,
der poltert weiter durch das ... (Land).
Ganz langsam kriecht die Schlange weiter,
sie zischt dabei und ist ganz ... (heiter).**

Variante:

1. Gemeinsam mit dem Kind wird die Geschichte in Bewegung umgesetzt.
2. Das Zischen der Schlange üben und die Schlangebewegungen dabei ausführen.
3. Reaktionsspiel: Rufen Sie „Schlange", so muss Ihr Kind laut zischen, und rufen Sie „Elefant", so macht Ihr Kind laut „töröóö". Oder umgekehrt.

Leise, leise

Reim **Alter: ab 5 Jahren**

Spielverlauf:
Sie beginnen mit einem Fühlspiel. Ihr Kind ertastet und errät aus einem Beutel Winterkleidung (z. B. Mütze, Handschuh, Schal). Nun kann es sich aktiv an der Reimgeschichte beteiligen. Das heißt, das letzte Wort in der zweiten Zeile spricht Ihr Kind mit.

Förderziele:
Ihr Kind soll das Sprachmuster und die Lautstruktur erkennen, seine akustische Wahrnehmung und Artikulation verbessern, eine motivierende Sprechdynamik erleben und seinen Wortschatz erweitern.

Hinweis:
Lautverbindungen wie „–pf–", „–tr–", „–sp–", „–rrj–", „–fr–", „–st–", „–fl–", „–tz–" werden in diesem Reim geübt. Das Reimthema (Winter) regt Ihr Kind zum Sprechen an. Sie können hier schnell die sprachlichen Schwachstellen Ihres Kindes entdecken. Klatschen Sie, während Sie den Reim sprechen, dann erkennt Ihr Kind den Reimrhythmus besser und kann ihn leichter einhalten.

Leise, leise

Leise, leise, ganz, ganz leise
geht der Winter auf die ... (Reise).

Mit ihm kommen Eis und Schnee,
vor Kälte tun die Hände ... (weh).

Zugefroren sind die Pfützen,
die Kinder tragen dicke ... (Mützen).

Ich rodle nun von früh bis spät,
bis dass der Tag zu Ende ... (geht).

O herrje, jetzt ist es kalt,
die Füße, die erfrieren ... (bald).

Ich werd jetzt in die Stube gehn,
von da aus dem Fenster ... (sehn).

Ich sehe viele weiße Flocken,
die wollen mich nach draußen ... (locken).

Doch heute geh ich nicht mehr raus,
ich bleibe jetzt hier in dem ... (Haus).

Morgen pack ich mich warm ein,
geh wieder in die Welt ... (hinein).

Doch jetzt, da denk ich mir was aus,
was ich gut machen kann im ... (Haus).

Zusatzangebot:
Schneeflockenbasteln. Aus Tortenuntersetzern kann Ihr Kind tassengroße Kreise schneiden. Diese beklebt es von beiden Seiten dünn mit Watte. Ziehen Sie durch die Pappe einen Faden, und die Schneeflocke ist fertig. Damit können die Kinder das Zimmer schmücken.

So ein Wetter

Reim **Alter: ab 5 Jahren**

Spielverlauf:
Ihr Kind ist eingeladen, mit Ihnen gemeinsam zu reimen. Jeweils das letzte Wort in der zweiten Zeile spricht Ihr Kind laut mit. Zu Beginn dieser Reimgeschichte stellen Sie ihm folgendes Rätsel:

„Sie strahlt vom Himmel wunderschön
und reizt dich zum Spazierengehn.
Sie weckt die Blumen, jedes Tier.
Wie heißt das Ding? Komm, sag es mir!" (Sonne)

Schließen Sie ein Gespräch über das Wetter an. Danach folgt die Reimgeschichte.

Förderziele:
Die Sprechfreude anregen. Ihr Kind soll seine Konzentration und Aufmerksamkeit verbessern, Lautstrukturen erkennen lernen, einen Sprechrhythmus und Reimsprachverständnis aufbauen. Seine akustische Wahrnehmung soll gefördert und seine Sprechfreude angeregt werden.

Hinweis:
Auch bei diesem Reim hat Ihr Kind mit vielen Lautverbindungen zu tun. Sprechen Sie daher deutlich, denn dann kann Ihr Kind seine Fähigkeit, ebenfalls deutlich zu sprechen, schnell unter Beweis stellen.

So ein Wetter

Regen hör ich tropfen,
leis' an Scheiben ... (klopfen).
Den Wind, den hör ich reiben
an den Fenster ... (scheiben).
Drum geh ich jetzt nicht raus,
ich bleib' heut hier im ... (Haus).
Ich seh den Regen tropfen,
ich höre ihn auch ... (klopfen).
Der Wind saust um die Ecken,
die Blätter spiel'n ... (Verstecken).

Bei diesem schlechten Wetter
ist es im Haus viel ... (netter).
Doch kommt die Sonne raus,
geh ich wieder hi ... (naus).
Bis dahin muss ich bleiben
hinter den Fenster ... (-scheiben).
So ein Wetter ist nicht toll,
von ihm hab ich die Nase richtig ... (voll).
Zieh die Gardine zu,
hab endlich meine ... (Ruh).

5.3 Hörspiele mit alltäglichen Gegenständen

Alter: ab 3 Jahren

Der Spielplatz Ihres Kindes ist meistens da, wo Sie sich gerade aufhalten. Nehmen Sie diese Gelegenheit wahr, um mit Ihrem Kind an Ihrem momentanen Arbeitsplatz, sei es die Küche, das Schlafzimmer oder das Wohnzimmer, einen kurzen Augenblick zu spielen.

Hinweis:
Intensive Hörerlebnisse können dann erfolgen, wenn die Augen geschlossen sind. Da es jedoch nicht allen Kindern leicht fällt, die Augen geschlossen zu halten oder sich sogar die Augen verbinden zu lassen, sollte ein Kind in jedem Fall behutsam an solche Spiele herangeführt und das Augenschließen häufiger geübt werden.

Tipp:
Zunächst hält sich Ihr Kind selbst in einem kurzen Abstand einen Teller vor das Gesicht, später hält es sich ein Kissen oder ein Tuch vor die Augen. Danach können Sie ihm vielleicht doch schon die Augen verbinden.

Geräusche aus der Küche

Verbinden Sie Ihrem Kind mit einem Küchentuch die Augen. Nun machen Sie mit Löffeln, Tassen, Deckeln usw. Geräusche, die Ihr Kind erraten soll. Spaß macht das Spiel natürlich erst dann, wenn auch Sie selbst raten. Möchte Ihr Kind sich nicht die Augen verbinden lassen, dann dreht es Ihnen einfach den Rücken zu.

Variante:
Auch Geräusche wie Staub saugen, Kissen ausschlagen, Eischnee schlagen, Wasserhahn auf- und zudrehen usw. fördern spielerisch die akustische Wahrnehmung, helfen Ihrem Kind aber auch – wenn Sie es auffordern, diese Geräusche zu beschreiben –, sich in seiner Sprache zu entwickeln und sich im häuslichen Umfeld zurechtzufinden.

Blinde Kuh

Das Spiel „Blinde Kuh“ ist in seiner ursprünglichen Form allen bekannt.
Hier nun eine veränderte Spielweise:
Verbinden Sie Ihrem Kind die Augen und führen Sie es mit Hilfe eines Signals (z.B. zwei Löffel aneinander schlagen) einmal durch die ganze Wohnung. Sie gehen voran, schlagen dabei die Löffel, und Ihr Kind folgt Ihnen. Natürlich kann Ihr Kind auch Sie führen.

Geräusche zuordnen

Ihr Kind sitzt mit verbundenen Augen an einem zentralen Ort (Flur etc.) auf einem Stuhl. Sie gehen nun in die verschiedenen Zimmer und machen dort irgendwelche Geräusche. Das Kind ordnet die Geräusche dem Raum zu (Wecker = Schlafzimmer, Mixer = Küche, Toilettenspülung = Bad). So lernt Ihr Kind so ganz nebenbei auch sein Umfeld genauer kennen.

Den Rhythmus hören und nachspielen

Spielen Sie Ihrem Kind einmal auf einem Topfdeckel einen kleinen Takt vor (z.B. lang-kurz-kurz-lang). Diesen Takt soll Ihr Kind nachspielen. Das hört sich leichter an, als es ist. Probieren Sie es auch selbst einmal aus.
Je häufiger Sie mit dem Kind solche Spiele durchführen, umso fantasiereicher werden Sie, und der gemeinsame Aufenthalt in der Wohnung wird zu einem freudigen Erlebnis.

5.4 Hörspiele in freier Natur

Ein von Kindern oft als langweilig empfundener Spaziergang kann mit folgenden kleinen Anregungen zu einem Hörerlebnis werden:

Der Schleichweg

Gehen Sie mit Ihrem Kind eine Strecke ohne zu reden und nehmen Sie dabei aufmerksam alle Geräusche wahr. Versuchen Sie hinterher gemeinsam, sich noch einmal an alle gehörten Geräusche zu erinnern. Sie werden sich wundern, was Sie und Ihr Kind so alles hören.

Hören und klatschen

Bleiben Sie eine Zeit lang still stehen. Fordern Sie Ihr Kind auf, in die Hände zu klatschen, sobald es ein Geräusch in der Natur hört. Es macht Spaß, wenn auch Sie dieses Spiel mitmachen.

Hören und benennen

Bleiben Sie wieder eine Zeit lang still stehen. Dieses Mal soll Ihr Kind die gehörten Geräusche aus der Natur sofort benennen.

Varianten:

1. Bitten Sie Ihr Kind, die gehörten Geräusche zu imitieren (Vogel, Traktor, Auto etc.).
2. Ihr Kind schließt die Augen und versucht, in die Richtung des Geräuschs zu zeigen.

5.5 Hörspiele zu zweit

Geräusche-Memo

Sie und Ihr Kind sitzen Rücken an Rücken und haben vor sich auf dem Boden jeweils die gleichen Gegenstände liegen (Kaffeelöffel, Schlüsselbund, Pfeifen, Topfdeckel, Holzlöffel und so weiter). Sie beginnen und erzeugen mit einem dieser Gegenstände ein Geräusch. Ihr Kind soll den Gegenstand erkennen und mit dem gleichen Material antworten. Nun erzeugt Ihr Kind mit einem anderen Gegenstand ein Geräusch, und Sie antworten.

Hören und reagieren

Sie haben vor sich verschiedene Gegenstände liegen, mit denen Sie Geräusche erzeugen können. Besprechen Sie diese Gegenstände mit Ihrem Kind und machen Sie Geräusche mit ihnen, damit Ihr Kind diese zuordnen kann. Ihr Kind nennt nun Gegenstände, die es mit geschlossenen Augen aus mehreren Geräuschen heraushören will (beispielsweise die Kaffeelöffel, die aneinander geschlagen werden). Nun dreht sich Ihr Kind um und Sie erzeugen mit den verschiedenen Materialien Geräusche. Wenn Ihr Kind das Geräusch der Kaffeelöffel erkennt, hebt es die Hand. Wenn es falsch reagiert hat, beginnen Sie erneut. Danach Rollentausch.

Hell oder Dunkel

Sie haben unterschiedliche Gegenstände vor sich liegen, mit denen Sie je ein helles oder ein dunkles Geräusch erzeugen können. Ihr Kind sitzt mit dem Rücken zu Ihnen. Hört es einen hellen Ton, dann steht es auf, hört es einen dunklen Ton, bleibt es sitzen. Damit sich Ihr Kind konzentrieren muss, erzeugen Sie die Geräusche in unregelmäßiger Reihenfolge.

Wo ist der Ton?

Sie halten einen Topfdeckel und einen Holzlöffel in den Händen. Ihr Kind sitzt in der Mitte des Raumes und hat die Augen geschlossen. Sie gehen in eine Raumecke und erzeugen dort einen Ton. Ihr Kind versucht, die Richtung, aus der der Ton kommt, anzuzeigen. Sie gehen in eine andere Ecke und erzeugen erneut einen Ton. Ihr Kind zeigt wiederum die Richtung an.

Herrchen sucht Hund

Sie und Ihr Kind befinden sich in einem Raum, durch den man mit verbundenen Augen gehen können muss, ohne sich zu stoßen. Ihr Kind spielt (mit verbundenen Augen) das Herrchen, das seinen Hund verloren hat. Es versucht, seinen Hund zu finden, indem es ruft: „Hund, wo bist du?“ Der Hund bellt als Antwort. Ihr Kind muss versuchen, seinen Hund aufgrund des Bellens zu finden.

ESPRIT

6 Die Sprache durch Bewegung entdecken

Ihr Kind lernt über die Bewegung. Begriffe wie „hin", „her", „krabbeln", „laufen", „hüpfen" usw. kann es sich am besten merken, wenn es sie durch eigene Bewegungen erfahren hat. Lernerfahrungen über eigenes Erleben und Erspüren sind nicht durch das Fernsehen, über Bücher oder durch das einfache Erzählen zu kompensieren. Bewegungen festigen die Informationen, die Ihr Kind gesehen oder gehört hat. Daher ist es sehr wichtig, Ihrem Kind einen großen Bewegungsfreiraum zu bieten.

Durch Bewegung baut Ihr Kind seinen Stress ab (z.B. einen überfüllten und gehetzten Tagesablauf, einen Streit, einen Traum usw.) und bringt sich selbst wieder in die Balance. Aktive Bewegung ist für Ihr Kind eine Form der Entspannung; über sie macht es wichtige Körpererfahrungen. Bewegung schult sein Gleichgewicht, und die Überkreuzbewegungen beim Laufen, Springen und Toben (Schrittfolge: rechter Arm, linker Fuß, linker Arm, rechter Fuß) aktivieren die beiden Gehirnhälften. Sie sind, so ganz nebenbei, eine Gymnastik für das Gehirn und somit eine wichtige Lernhilfe. Ihr Kind kann, wenn es täglich genügend Bewegung erfährt, beispielsweise einem Sprachspiel, das Konzentration erfordert, leichter und erfolgreicher folgen und es gezielter ausführen.

Aber nicht nur die freie Bewegung, also das Rennen, Laufen, Toben, Rad- und Rollerfahren, Hüpfkästchenspielen, Seilchenspringen, Klettern sind wichtige Bewegungsformen, die das Kind für seine Gesamtentwicklung braucht, sondern auch die gezielten, von Ihnen angeregten und durchgeführten Bewegungsvorschläge. Denn mit ihnen verfolgen Sie natürlich ein ganz bestimmtes Ziel. Warten Sie nicht, bis Ihr Kind das Alter für einen Sportverein hat. Bewegen Sie sich schon jetzt mit ihm. Die zielorientierte Bewegung ist nicht nur Bewegungsförderung, sondern immer auch Sprachförderung. Lassen Sie Ihr Kind die Bewegungen durchführen, die Sie ihm sprachlich vorgeben. Bewegung zu zweit oder zu mehreren macht natürlich mehr Freude. Machen Sie mit und dann bauen auch Sie, liebe Eltern, ganz nebenbei Ihren Stress ab.

6.1 Bewegungsspiele

Eine Balancierstraße für zu Hause

Alter: ab 3 Jahren

Spielverlauf:
Bauen Sie in Ihrem Schlafzimmer oder im Kinderzimmer aus einer Bank, einem Bett, aus einem Stuhl, einem Seil, einer Decke und Ähnlichem eine Balancierstraße. Nun darf Ihr Kind sich zunächst ein „Turngerät" aussuchen, auf dem es nach seiner Meinung am sichersten balancieren kann. Fordern Sie es danach auf, auf zwei „Turngeräten" seiner Wahl zu balancieren. Dann darf es auf dem Bett hüpfen und eine Pause machen. Dabei kann es Ihnen in aller Ruhe von seinen Erfahrungen berichten. Erzählen Sie ihm danach die folgende „Balancier"-Geschichte.

Förderziele:
Die Bewegungsfreude Ihres Kindes soll geweckt, sein Gleichgewicht geschult, seine Konzentration gefördert, Bewegungsängste, die zu Sprachblockaden führen können, sollen abgebaut, das Selbstbewusstsein geschult, Gehörtes verstanden, differenziert und umgesetzt sowie sein Wortschatz erweitert werden.

Hinweis:
Achten Sie darauf, dass Ihr Kind Ihre sprachlichen Anweisungen auch versteht und korrekt durchführt. Das gemeinsame Aufbauen einer Balancierstraße regt zum Gespräch an und fordert auf, selbstständig etwas zu tun.

Eine Balancierstraße für zu Hause

Ich balanciere munter,
fall von der Bank nicht runter.
Ich balanciere weiter,
dort wie auf einer Leiter.

Ich balanciere munter,
fall von dem Bett nicht runter.
Ich balanciere weiter,
dort wie auf einer Leiter.

Ich balanciere munter,
fall von dem Stuhl nicht runter.
Ich balanciere weiter,
dort wie auf einer Leiter.

Ich balanciere munter,
fall von dem Seil nicht runter.
Ich balanciere weiter,
dort wie auf einer Leiter.

Ich balanciere munter
und falle nirgends runter.
Doch nach dieser Strecke,
spring ich auf die Decke.
das Kind springt auf die Decke und ruht sich aus

Variante:
Die Balancierstraße kann noch mit weiteren „Turngeräten" verändert werden.

Mops, der kleine flinke Floh

Körperspiel und Bewegungsgeschichte **Alter: ab 2 Jahren**

Spielverlauf:
Diese Bewegungsgeschichte kann zu jeder Zeit und in jedem Raum gespielt werden. Ihr Kind liegt zunächst entspannt auf dem Rücken. Stellen Sie ihm zu Beginn ein Fühlrätsel: Sie zeigen Ihrem Kind beide Zeigefinger und hüpfen damit über den Körper Ihres Kindes. Erzählen Sie dabei, dass Ihre Finger einen Floh darstellen. Ein Gespräch über dieses Tier kann sich anschließen. Nun laden Sie Ihr Kind zu dem folgenden Bewegungsspiel ein. Der erste Teil ist ein Körperspiel. Sie führen die Bewegungen auf dem Körper Ihres Kindes durch. Danach folgt der zweite Teil, das Bewegungsspiel.

Förderziele:
Die Bewegungsfreude Ihres Kindes wecken, seinen Wortschatz erweitern, seine akustische und visuelle Wahrnehmung sowie seine Konzentration, Aufmerksamkeit und die Koordination fördern, seinen Wortschatz erweitern und seine Fähigkeit, Gehörtes zu verstehen und umzusetzen.

Hinweis:
Ihr Kind lernt durch das selbstständige Tun. Worte und neue Begriffe festigen sich nur, wenn es sie hört und umsetzt. In dieser Geschichte lernt es viele neue Bewegungsformen mit deren Namen kennen, die es mit viel Freude erleben kann.

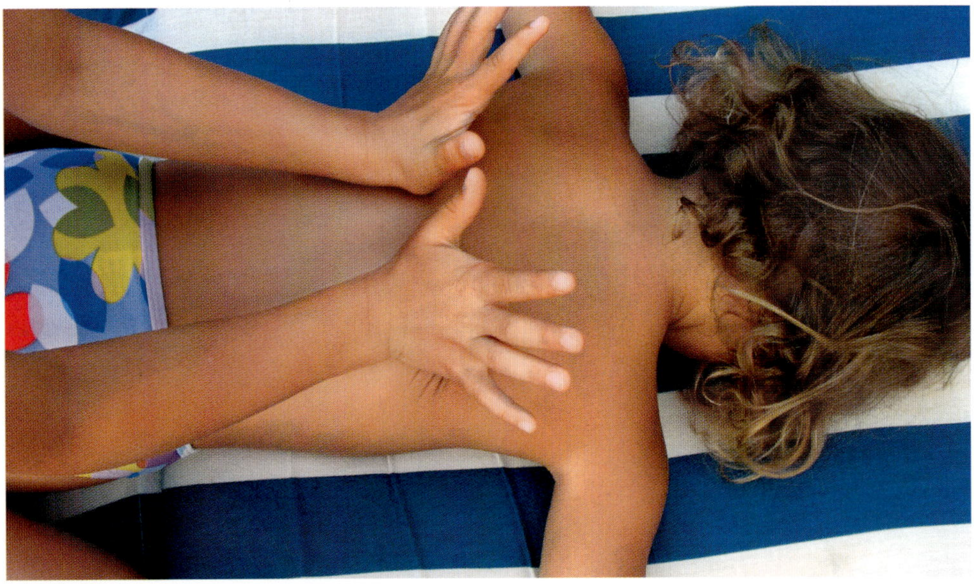

Mops, der kleine flinke Floh (1. Teil, Körperspiel)

Körperspiel und Bewegungsgeschichte
Alter: ab 2 Jahren

Mops, der kleine flinke Floh,
ist schon am frühen Morgen froh.
Er reibt sich wach, so schnell er kann,
er fängt an seinem Kopf erst an,
mit der Handfläche den Kopf Ihres Kindes abreiben
Gesicht und Arme weckt er auch,
mit der Handfläche sanft Gesicht und Arme abreiben
er reibt ganz tüchtig seinen Bauch,
mit der Handfläche den Bauch abreiben
reibt seine Beine
Beine abreiben
und zum Schluss,
reibt er tüchtig jeden Fuß.
die Füße abreiben

Veränderung:
Wenn Ihr Kind den Text beherrscht, kann es die Bewegungen auch selber machen, und Sie machen die gleichen parallel dazu.

Mops, der kleine flinke Floh (2. Teil, Bewegungsspiel)

Körperspiel und Bewegungsgeschichte
Alter: ab 2 Jahren

Der Floh, er reckt sich, gähnt und dann
Ihr Kind macht parallel alle im Reim erwähnten Bewegungen nach
fängt er vergnügt zu hüpfen an.
Er hüpft und hüpft, springt auf und nieder,
ja, das macht er dann immer wieder.
Auf einem Bein hüpft er umher,
auch auf dem andern ist's nicht schwer.
Ja, unser Mops, der ist sehr froh,
das Hüpfen, ja, das mag er so.
Nun ist er wach und krabbelt fort,
an einen wunderschönen Ort.

Das kleine Pferd

Bewegungsspiel **Alter: ab 3 Jahren**

Spielverlauf:
Zunächst fragen Sie Ihr Kind, wie sich beispielsweise ein Vogel, ein Hase, ein Frosch, ein Pferd, ein Pinguin und so weiter bewegen. Ihr Kind soll Ihnen die Bewegungen vormachen. Danach lesen Sie ihm die erste Strophe der folgenden Versgeschichte vor.

Förderziele:
Die Bewegungsfreude wecken, Ihr Kind soll Gehörtes verstehen und umsetzen, seine Konzentration verbessern, seinen Wortschatz erweitern und Freude an Bewegung bekommen.

Hinweis:
Legen Sie, liebe Eltern, zunächst einmal Wert auf die Bewegungen, die hier mit Hilfe der Geschichte von Ihrem Kind bestimmt mit viel Spaß durchgeführt werden. Klatschen Sie beim Erzählen, so wird Ihr Kind ganz nebenbei mit dem Reimrhythmus vertraut gemacht. Achten Sie auf eine deutliche Aussprache und auf eine interessante Sprechdynamik. So wird der Vers für Ihr Kind lebendiger und fordert es zum Mitmachen auf. Klatschen kann Ihr Kind auch schon mit zwei Jahren. Später, wenn Ihr Kind älter ist, kann der Schwerpunkt mehr auf den Reim gelegt werden und wieder etwas später können Sie mehr Wert auf die deutliche Aussprache der vielen Lautverbindungen legen.

Das kleine Pferd

Das kleine Pferd, es heißt Hopp-Hopp,
es läuft geschwind heut im Galopp.
Es springt gern über Stock und Stein,
und im Galopp heut ganz allein.
Rennt auf der Wiese hin und her,
das Rennen, das gefällt ihm sehr.
Am Abend läuft es dann nach Haus
und ruht sich bis zum Morgen aus.

Nun macht Ihr Kind die Bewegungen nach, die das Pferd in diesem Text macht.

Der Pinguin

Der Pinguin, er heißt Pitsch-Patsch
und ist von Kopf bis Fuß ganz naß.
Er watschelt durch das Meer und dann
fängt er sich fest zu schütteln an.
Er schüttelt seine Flügel aus
und watschelt dann zurück nach Haus.
Der Pinguin, der ist nun trocken,
steckt seine Füße in die Socken.

Nun macht Ihr Kind alle Bewegungen nach, die der Pinguin in diesem Text macht.

Veränderung: Sie lesen beide Strophen noch einmal vor und Ihr Kind versucht bereits, während Sie lesen, die entsprechenden Bewegungen zu machen.

Des Nachts

Brain-Gym **Alter: ab 2 Jahren**

Spielverlauf:
Ihr Kind macht die Bewegungen, die der Text vorgibt.

Förderziele:
Ihr Kind kann mit diesem Fingerspiel seine visuelle, auditive, kinästhetische und taktile Wahrnehmung verbessern, Gehörtes besser verstehen und umsetzen, seine Konzentration, Aufmerksamkeit sowie die Rechts- und Linkskoordination verbessern und beide Gehirnhälften aktivieren.

Hinweis:
Achten Sie, liebe Eltern, auf eine korrekte Durchführung der Überkreuzübungen. Geben Sie Hilfestellungen, damit sich die Wirkung dieser kleinen gymnastischen Übungen einstellen kann.

Des Nachts

Des Nachts, da schau ich aus dem Fenster
Hand vor die Stirn halten und Ausschau halten
und seh dort viele Lichtgespenster.
Sie huschen hin und huschen her,
mit den Fingern der beiden Hände hin und her huschen
sie huschen auch mal kreuz und quer.
die Hände überkreuzen und mit den Fingern zappeln
Sie huschen rundherum
mit den Fingern wild rundherum zappeln
und fallen auch mal um.
Hände auf die Oberschenkel legen
Doch dann geht es kreuz und quer
Hände überkreuzen
und immer wieder hin und her.
Hände hin und her bewegen
Kreuz und quer, hin und her,
wilde Bewegungen mit den Händen machen
doch jetzt wollen sie nicht mehr.
Hände auf die Oberschenkel legen

Sie huschen ganz schnell fort
an einen fremden, ruhigen Ort.
die Hände auf den Rücken legen
Variation:
Am Tag, da schau ich aus dem Fenster
Hand vor die Stirn halten und schauen
und seh dort viele Windgespenster.
nun den Text mit den Bewegungen so wie oben durchführen

Noch ein paar Informationen zum Thema „Brain-Gym"

„Brain-Gym" heißt übersetzt „Gehirngymnastik" und ist Teil einer Entspannungsmethode mit dem Namen „Kinesiologie". Diese Entspannungsform als Therapie wird von speziell geschulten Therapeuten mit Kindern, Jugendlichen, Erwachsenen und auch Senioren durchgeführt. Sie verbessert das Gedächtnis, löst Lernblockaden und unterstützt das geistige und körperliche Wachstum von Kindern. Bestimmte kleine gymnastische Übungen, die Sie problemlos in Ihren Alltag einbauen können, verbessern beispielsweise das Gleichgewicht, die Konzentration, die Aufnahmefähigkeit, das Gedächtnis, die Ausdrucksfähigkeit, die Koordination der Bewegung und erleichtern so das Lernen.
Auch Sie, liebe Eltern, können ohne Bedenken einige dieser gymnastischen Übungen mit Ihrem Kind durchführen. Eine davon ist die Überkreuzbewegung der Hände und Füße. Diese leichten Übungen können im Liegen, Stehen, Sitzen und Laufen gemacht werden. Sie sorgen dafür, dass die rechte und die linke Gehirnhälfte aktiviert werden. Ist Ihr Kind noch sehr jung, dann können sie z. B. beim Wickeln die Hände und Füße Ihres Kindes überkreuzen, das oben genannte Fingerspiel dazu machen und haben bei Ihrem Kind so auch den Effekt der Aktivierung erzielt.
Doch auch hier gilt, um Erfolg zu haben, das Prinzip der Regelmäßigkeit. Singen und spielen Sie darum die Brain-Gym-Angebote dieses Buches täglich. Lassen Sie es genauso in Ihr Leben und in das Leben Ihres Kindes einfließen wie z. B. das tägliche Zähneputzen, denn erst dann kann sich eine Verbesserung der Konzentration oder Merkfähigkeit einstellen. Machen Sie die kleinen Übungen mit, dann werden auch Sie den Erfolg spüren. Angaben zur Fachliteratur finden Sie am Ende des Buches im Anhang.

6.2 Finger- und Bewegungsspiele

Alter: ab 2 Jahren

Spielverlauf:
Mit den Fingern oder dem ganzen Körper werden die folgenden Texte gespielt, zugleich werden sie gesprochen oder sogar in einen melodischen Sprechrhythmus gekleidet (selbst eine kleine Melodie erfinden).

Förderziele:
Ihr Kind soll Sprache als Bewegungsmotivation erleben, seinen Wortschatz erweitern, seine Konzentration verbessern, eine Reimsprache erleben, seine Bewegungskoordination üben, Gehörtes verstehen und umsetzen.

Hinweis:
Tragen Sie Ihrem Kind diese Bewegungsspiele mit viel Sprachdynamik vor. Sie werden erstaunt sein, wie schnell sich Ihr Kind in einen Vogel, in einen Teddy oder in eine Maus verwandelt und deren Geräusche und Bewegungen nachahmt.

Hops, der kleine braune Hase

Hops, der kleine braune Hase,
sitzt ganz still im grünen Grase.
Er schaut sich hier im Grase um,
plötzlich hört er „Summ summ summ".
Die Biene kommt, summt ihm was vor,
der Hase spitzt ein langes Ohr.
Er hört gut zu und hüpft nach Haus,
und jetzt ist die Geschichte aus.

Dem Teddybär, dem Teddybär

Dem Teddybär, dem Teddybär,
dem fällt das Brummen gar nicht schwer.
Er brummt und brummt, so laut er kann,
und fängt von vorne wieder an.
Doch ist er müd, dann ist er still,
weil er ein wenig schlafen will.

Den kleinen Vogel Piep-Piep-Piep

Den kleinen Vogel Piep-Piep-Piep,
den habe ich so lieb, lieb, lieb.
Er kann ganz fröhlich singen,
ich kann ganz fröhlich springen.
Ich hab den Vogel Piep-Piep-Piep
darum auch so sehr lieb, lieb, lieb.

Eine klitzekleine Maus

Eine klitzekleine Maus,
die schaut vergnügt aus ihrem Haus.
Sie schnuppert grünes Gras
mit ihrer spitzen Nas.
Eine zweite kleine Maus
schaut auch vergnügt aus ihrem Haus.
Sie laufen nun zu zweit geschwind,
weil sie gute Freunde sind.

Fünf Vögel sitzen in dem Baum

Fünf Vögel sitzen in dem Baum,
alle Finger einer Hand zeigen
sie sind ganz klein, man sieht sie kaum.
Finger zur Faust ballen
Der erste Vogel singt ein Lied,
Daumen zeigen
der zweite singt ganz einfach mit.
Zeigefinger zeigen
Auch der dritte kennt das Lied
Mittelfinger zeigen
und der vierte singt auch noch mit.
Ringfinger zeigen
Doch der fünfte ist noch klein,
kleinen Finger zeigen
stimmt nicht in dieses Lied mit ein.
Er sitzt still an diesem Ort,
und plötzlich fliegen alle fort.
Hand hinter den Rücken

6.3 Kurzgeschichten

Alter: ab 4 Jahren

Spielverlauf:
Die folgenden Geschichten kann Ihr Kind mitsprechen, d.h. es spricht immer das letzte Wort in der zweiten Zeile laut mit. Diese Geschichten können zu jeder Zeit und an jedem Ort erzählt und gespielt werden.

Förderziele:
Die Bewegungsfreude Ihres Kindes wecken, seine Sprechfreude entwickeln, seine Artikulation verbessern, seine akustische Wahrnehmung fördern sowie seine Mundmotorik stärken; es soll die Lautstruktur der Sprache erkennen lernen und Sprechdynamik erleben.

Hinweis:
In diesen Kurzgeschichten wird ihr Kind mit vielen Doppellauten wie z.B. „–mm–", „–pp–", „–mm–", Lautverbindungen wie z.B. „–pf–", „–fl–", „–tr–", „–st–" und dem „–sch–" konfrontiert. Erzählen Sie die Geschichten so, dass diese Laute und Lautverbindungen von Ihrem Kind deutlich gehört und nachgesprochen werden können. Bei allen Übungen, bei denen es um die Lautbildung und Festigung der Mundmotorik geht, können Sie Ihr Kind in einen Spiegel sprechen lassen. Das macht nicht nur Spaß, sondern fordert spielerisch zum deutlichen Sprechen auf.

Hipp hopp hoppla hopp

Kurzgeschichte

Schlagen Sie beim Sprechen des Textes mit den Händen rhythmisch auf Ihre Oberschenkel.

Hipp hopp hoppla hopp,
der Hase hüpft heute im ... (Galopp).
Er hoppelt über's Stoppelfeld,
bleibt stehen, wo es ihm ... (gefällt).
Nun legt er seine Ohren an,
damit er besser schlafen ... (kann).

Veränderung: Ihr Kind kann diesen Text auch spielen oder sich aktiv am Reimen beteiligen.

Eine kleine Trippelmaus

Kurzgeschichte

rhythmisch zum Text in die Hände klatschen

Eine kleine Trippelmaus,
schaut aus ihrem Haus ... (heraus).
Das Wetter ist heut wunderschön,
sie will jetzt gern spazieren ... (gehn).
Tripple trapple tripple trapp,
so trippelt sie den Berg ... (hinab).
Sie trippelt schnell den Berg hinauf
und setzt sich auf die Spitze ... (drauf).
Sie trippelt nun ganz schnell nach Haus
und ruht sich vom Spaziergang ... (aus).

Veränderung:
Diese Geschichte kann auch als Körperspiel dem Text entsprechend auf dem Körper des Kindes durchgeführt werden (Berg = Kopf).

Summ, summ, summ

Kurzgeschichte

rhythmisch zum Text in die Hände klatschen

Summ, summ, summ,
die Biene fliegt … (herum).
Sie kommt zu dir mit viel Gebraus,
ruht auf deiner Hand sich ... (aus).
Doch der Wind nimmt sie mit fort,
trägt sie an einen anderen ... (Ort).
Summ, summ, summ,
die Biene fliegt … (herum).

Veränderungen:
1. Diese Kurzgeschichte kann als Fingerspiel durchgeführt werden. Sie zappeln dem Text entsprechend mit den Fingern der rechten Hand, auf der linken Hand ruhen sich die Finger aus (bei dem Wort „Hand" in der vierten Zeile) und beim Wort „Wind" (in der fünften Zeile) pusten Sie.
2. Wenn Sie den Vers ein paarmal wiederholt haben, kann auch Ihr Kind versuchen, ihn in Bewegung umzusetzen.

Pitsche patsche, pitsche patsche

Kurzgeschichte

rhythmisch zum Text mit den Füßen stampfen

Pitsche patsche, pitsche patsche

Pitsche patsche, pitsche patsche,
heute lauf ich durch die ... (Matsche).
Patsche pitsch, ich lauf ins Haus,
schau dort aus dem Fenster ... (raus).
Hör die vielen Regentropfen
leise an die Scheiben ... (klopfen).
Pitsche patsche, ach wie schön,
von hier dem Regen zuzu ... (sehn).
Pitsche patsche, pitsche patsche,
auch morgen lauf ich durch die ... (Matsche).

Veränderungen:

1. Bei den Wörtern „pitsche patsche" auf die Oberschenkel schlagen und ansonsten den Regen mit den Fingern darstellen.
2. Der Text kann auch – als Körperspiel – auf dem Körper Ihres Kindes gespielt werden.
3. Der Text kann von Ihrem Kind in ein Bewegungsspiel umgesetzt werden.

Die kleine Hexe Zicke-Zacke

Kurzgeschichte

Die kleine Hexe Zicke-Zacke,
die hat eine dicke ... (Backe).
Ihr Zahn, der hat ein großes Loch,
darinnen macht es „poch, poch, ..." (poch).
Sie geht zu Doktor Tutnichweh,
er sieht den Zahn und ruft: „ ... (Oje)!"
Er zieht den Bösewicht schnell raus,
und mit dem Schmerz ist es nun ... (aus).
Nun hat die Hexe Zicke-Zacke
auch gar nicht mehr 'ne dicke ... (Backe).

Veränderung:
Der Text kann nun richtig dargestellt werden. So zum Beispiel: Bei dem Wort „Zicke-Zacke“ rhythmisch auf die Oberschenkel schlagen, bei dem Wort „Loch” mit Daumen und Zeigefinger einen Kreis bilden, bei „poch, poch, poch” mit dem Zeigefinger auf den Tisch schlagen. Er lädt wie alle Reimgeschichten zum Reimen ein.

Der Elefant

Kurzgeschichte

Der Elefant, der Elefant,
der geht alleine durchs weite ... (Land).
Er geht ganz langsam, Schritt für Schritt,
die heiße Sonne, die geht ... (mit).

Der Elefant, der Elefant,
der geht alleine durchs weite ... (Land).
Er geht ganz langsam, Schritt für Schritt,
der kühle Wind, ja, der geht ... (mit).

Der Elefant, der Elefant,
der geht alleine durchs weite ... (Land).
Er geht ganz langsam, Schritt für Schritt,
der kühle Regen, ja, der geht ... (mit).

Der Elefant, der Elefant,
der geht alleine durchs weite ... (Land).
Er wird müd, läuft nun nach Haus
und jetzt ist seine Reise ... (aus).

Veränderung:
Diese Geschichte kann als Bewegungsgeschichte umgeändert werden. Elefantengang: Mit Daumen und Zeigefinger der linken Hand an die Nase fassen und den rechten Arm durch die Öffnung schieben. Jetzt kann dieser Rüssel hin und her bewegt werden. Mit festem Stapfschritt durch den Raum gehen. Regen, Sonne und Wind mit Händen und durch Pusten darstellen.

Meine kleinen Füße

Bewegungslied **Alter: ab 2 Jahren**

auf die Melodie „Alle meine Entchen" singen

Spielverlauf:
Während das Lied gesungen wird, trippeln die Füße entsprechend dem Text mit.

Förderziele:
Dieses Lied soll die Bewegungsfreude Ihres Kindes wecken, seinen Wortschatz erweitern und ihm helfen, seine Singstimme zu entdecken.

Hinweis:
Ist Ihr Kind noch sehr jung, dann singen Sie ihm dieses Lied einfach nur vor. Helfen Sie ihm beim Trippeln, denn auch Trippeln will gelernt sein. Das Lied unterstützt die ersten Gehversuche. Ist Ihr Kind älter, dann kann es allein trippeln und Sie können auf die korrekte Durchführung der Bewegung eingehen. Ist Ihr Kind etwa drei Jahre und älter, kann auf die korrekte Aussprache des Wortes „trippeln" geachtet werden.

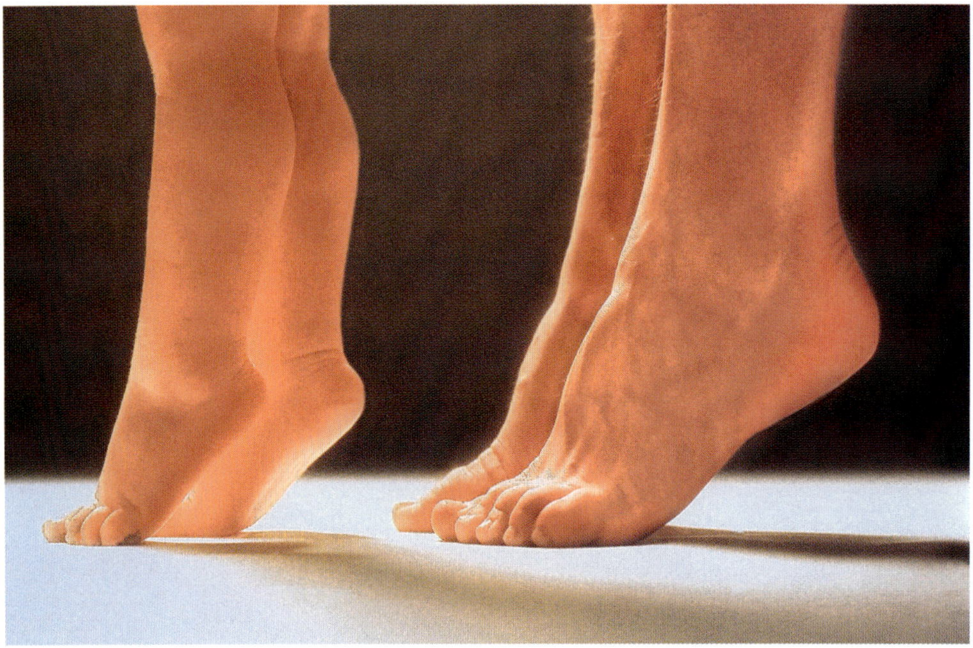

Meine kleinen Füße

Bewegungslied

mit den Füßen durch den Raum trippeln
Meine kleinen Füße
trippeln durch das Gras,
trippeln durch das Gras,
meinen kleinen Füßen
macht das Trippeln Spaß.

mit den Füßen auf der Stelle trippeln
Meine kleinen Füße
trippeln auf der Stell,
trippeln auf der Stell,
meine kleinen Füße
trippeln nun ganz schnell.

mit den Füßen hin und her trippeln
Meine kleinen Füße
trippeln hin und her,
trippeln hin und her,
meine kleinen Füße
mögen das so sehr.

stehen bleiben
Meine kleinen Füße
trippeln nun nicht mehr,
trippeln nun nicht mehr,
meine kleinen Füße
mögen Ruhe sehr.

Veränderung:
Statt der Füße können auch die Hände eingesetzt werden.

Ein kleiner Pinguin

Spiellied **Alter: ab 3 Jahren**

zu singen auf die Melodie „Zehn kleine Negerlein"

Spielverlauf:
Dieses Lied ist ein kleiner Tanz. Dazu werden Zeitungsseiten auf den Boden gelegt. Sie sind die Eisplatten, auf denen der Pinguin herumwatschelt, -springt oder -hüpft. Die Bewegungen werden vom Text vorgegeben. Bevor das Lied gesungen und gespielt wird, kann Ihr Kind folgendes Rätsel lösen:

„Wer ist das?
Er watschelt übers kalte Eis,
sein Bauch, ja, der ist ganz weiß.
Sein Schnabel, der ist rot und lang.
Er ist recht klein und auch sehr schlank."
(Pinguin)

Förderziele:
Ihr Kind soll seine Bewegungsfreude und seine Singsprache entdecken, Gehörtes verstehen und umsetzen, seinen Wortschatz und die Artikulation erweitern sowie seine Konzentration und Aufmerksamkeit verbessern.

Hinweis:
In diesem Lied werden die Lautverbindungen „–zw–", „–kl–" und „–tsch–" singend geübt. Begriffe wie „watscheln", „springen" und „träumen" werden gefestigt und das Wort „Pinguin" singend erlernt. Singen Sie deshalb dieses Lied deutlich vor, damit Ihr Kind das Gehörte verstehen und umsetzen kann.

Ein kleiner Pinguin

Ein kleiner Pinguin, der lebt in einem Zoo.
Er watschelt munter übers Eis und ist dabei sehr froh.
wie ein Pinguin von einer Zeitung zur anderen watscheln

Ein kleiner Pinguin, der lebt in einem Zoo,
er springt munter übers Eis und ist dabei sehr froh.
von Zeitung zu Zeitung springen

Ein kleiner Pinguin, der lebt in einem Zoo,
dort trifft er einen Pinguin und ist darüber froh.
Ihr Kind watschelt zu Ihnen oder zu einem Freund

Zwei kleine Pinguine leben in dem Zoo,
sie watscheln munter übers Eis und sind dabei sehr froh.
Ihr Kind und ein Freund oder ein Geschwisterkind watscheln zu zweit von einer Zeitung zur anderen

Zwei kleine Pinguine leben in dem Zoo,
sie springen munter übers Eis und sind dabei sehr froh.
zu zweit von einer Zeitung zur anderen springen

Zwei kleine Pinguine leben in dem Zoo,
sie schlafen beide auf dem Eis, das ist bei denen so.
zu zweit auf eine Zeitung stellen, in die Hocke gehen,
den Kopf auf die Hände legen und Augen schließen

Zwei kleine Pinguine leben in dem Zoo,
sie träumen einen schönen Traum, ja, der macht sie beide froh.

Nun kann jeder über seinen Traum sprechen.

6.4 Kringel, das Glücksschwein

Mitmachgeschichte **Alter: ab 4 Jahren**

Spielverlauf:
Zu Beginn der Geschichte stellen Sie Ihrem Kind ein Rätsel:

„Wer ist das?
Es grunzt und quiekt, wälzt sich im Dreck,
die meisten haben ganz viel Speck.
Sein Schwanz ist kurz, die Ohren klein,
sag, wer mag das Tier wohl sein?“
(Schwein)

Nun laden Sie Ihr Kind zu dieser Mitmachgeschichte ein. Es soll bei dem Wort „Kringel" grunzen und beim Wort „Schwein(e)" einmal klatschen.

Förderziele:
Ihr Kind kann mit dieser Mitmachgeschichte Lautverbindungen und Signalhören üben, seine Artikulation verbessern und seine Bewegungsfreude entdecken.

Hinweis:
In dieser Geschichte geht es nicht nur darum, das Signalhören zu üben (hören und reagieren), sondern auch darum, bestimmte Lautverbindungen wie „–schw–" und „–kr–" spielerisch zu üben. Sprechen Sie diese Worte daher bewusst und sehr deutlich.

Kringel, das Glücksschwein

Bauer Mertens ist Schweinezüchter und hat in seinem Stall viele kleine und große Schweine. Er füttert sie jeden Tag mit gutem Futter, legt ihre Schlafplätze jeden Tag mit frischem Stroh aus und sorgt dafür, dass seine Schweine jeden Tag, auch im Winter wenigstens für eine Stunde, nach draußen kommen. Bauer Mertens sorgt gut für seine Schweine, wie ein Vater für seine Kinder. Für ihn sind seine Schweine seine Kinder. Deshalb hat er auch jedem Schwein einen Namen gegeben, und über jedes Schwein führt er genau Buch. Dort schreibt er hinein, wann sie geboren sind, was, wann und wie viel sie fressen und wie lange sie schlafen. Einmal in der Woche werden sie gewogen, und so stellt Bauer Mertens fest, wie sich seine Schweine entwickeln. Er achtet genau darauf, dass sie nicht zu fett werden, denn das weiß Bauer Mertens ganz genau, fette Schweine können sich nicht bewegen. Sie liegen nur faul in der Ecke, und solche Schweine will niemand haben. Wenn die Schweine groß genug sind, dann verkauft er sie. Da es den Schweinen bei Bauer Mertens sehr gut

geht, wollen sie gar nicht weg von diesem Ort. Sie quieken und grunzen und Bauer Mertens muss ihnen oft einen Schubs geben, damit sie auf den Viehwagen gehen, der sie dann zu den Käufern bringt. Nur ein Schwein, das verkauft Bauer Mertens nicht. Es heißt Kringel und wohnt jetzt schon seit drei Jahren hier. Kringel fühlt sich hier sehr wohl. Es geht ihm so gut wie keinem anderen Schwein. Kringel ist für Bauer Mertens auch ein Glücksschwein, denn es ist vor drei Jahren in der Nacht von Silvester auf Neujahr genau um Mitternacht geboren worden. Das passiert so selten, dass Kringel nun für ihn ein richtiger Glücksbringer ist. Da Bauer Mertens so froh ist, ein Glücksschwein wie Kringel zu haben, bekommt es auch, so oft es geht, sein Lieblingsfutter. Das sind frische grüne Kleeblätter. Hat Kringel diese gefressen, dann bedankt es sich beim Bauer Mertens mit einem lauten Quieken. Seit Kringel hier auf dem Hof ist, hat Bauer Mertens das Gefühl, dass viel mehr Menschen zu ihm kommen und seine Schweine kaufen. Es geht ihm seitdem so richtig gut und er glaubt, dass das nur an Kringel liegen kann. Kringel ist das sehr recht, denn dann braucht es nicht zu befürchten, dass es irgendwann einmal verkauft wird. Ein Glücksbringer zu sein, das ist schon eine besondere Ehre für ein Schwein, und darauf ist Kringel auch ganz besonders stolz.

Veränderungen:
1. Besuchen Sie mit Ihrem Kind einen Bauernhof.
2. Malvers:

Mein kleines Tier hat einen Bauch,
Bauch malen
einen Kopf, den hat es auch,
Kopf malen
hat einen Schwanz wie sonst kein Tier,
wie er wohl aussieht, zeig ich dir.
Kringelschwanz malen
Das Tier hat Augen, Beine, Ohren,
alles malen
schau, nun ist das Schwein geboren.
Soll es nun ein Glücksschwein sein,
so mal ins Maul ein Kleeblatt rein.
Kleeblatt ins Maul malen

Ein Sommersonnentag

Mitmachgeschichte

Alter: ab 4 Jahren

Spielverlauf:
Sie laden Ihr Kind ein, Sie nun gut zu beobachten und Ihnen zuzuhören, damit es danach einige Bewegungs- und Geräuschrätsel lösen kann. Machen Sie ihm nun Begriffe vor, die im Laufe der folgenden Geschichte anhand einer Bewegung oder eines Geräuschs erkannt und erraten werden sollen (Ente, Vogel, Wind usw.). Danach laden sie Ihr Kind ein, zuzuhören und weiter mitzuraten. Die in Klammern stehenden Worte werden als Geräusche, mit Bewegungen und eventuell in die Luft gezeichnet dargestellt und von Ihrem Kind erraten.

Förderziele:
Die akustische und visuelle Wahrnehmung Ihres Kindes, seine Konzentration und seine Koordination werden gefördert, sein Gedächtnis geschult, seine Bewegungs- und Ratefreude geweckt, es lernt, Gehörtes und Gesehenes zu erkennen, zu verstehen und umzusetzen.

Hinweis:
Diese Geschichte trägt auch dazu bei, dass bestimmte Laute und Lautverbindungen wie beispielsweise „–nn–", „–s–", „–sch–", „–tr–" und „–k–" geübt werden. Dadurch, dass Ihr Kind die Dinge, die es gesehen hat, nachsprechen muss, übt es sich in der Artikulation.

Ein Sommersonnentag

Es ist Sommer und am wolkenlosen Himmel steht eine große (SONNE). Sie strahlt zur Erde und verbrennt alles, was grünt und blüht. Die (SONNE) ist so heiß, dass das (WASSER) in den Seen und Flüssen schon fast bis auf den letzten Tropfen verdunstet ist. Viele Tiere suchen sich ein schattiges Plätzchen. Die (ENTEN) watscheln unter einen hohen (BAUM), der viel Schatten wirft, und die (VÖGEL) fliegen in die Bäume hinauf, um sich dort zwischen den dichten Blättern vor der (SONNE) zu schützen. Die bunten (SCHMETTERLINGE) klappen ihre Flügel zusammen und sitzen still auf schönen Blumen, die ihren Platz im Schatten haben. Auch die Menschen suchen den Schatten oder schließen Türen und Fenster, um sich vor der großen Hitze zu schützen. Ab und zu weht ein leichter (WIND) und bringt den Pflanzen, Tieren und Menschen ein klein wenig Abkühlung. Mit einem Mal zieht eine große dunkle (WOLKE) heran. Ein Gewitter kündigt sich an. Auch der (WIND) wird stärker und immer mehr dunkle (WOLKEN) bedecken den Himmel. Jetzt fallen auch schon die ersten (TROPFEN) auf die Erde und in wenigen Minuten gießt es in Strömen. Es kracht und blitzt und im Nu hat sich die (SONNE) hinter den dunklen (WOLKEN) versteckt. Ganz schnell ist aus einem Sommersonnentag ein Sommerregentag geworden. Aber schon nach kurzer Zeit ist das Gewitter vorbei und die Luft ist wieder angenehm und kühl. Nun

kommen auch die (VÖGEL), die (ENTEN) und die (SCHMETTERLINGE) wieder aus ihren Verstecken und genießen diesen kühlen Sommertag.

Weitere Anregungen:

1. Ihr Kind nennt aus dem Gedächtnis die Tiere etc. und führt die entsprechenden Bewegungen und Geräusche aus.
2. Sie und Ihr Kind führen abwechselnd pantomimisch alle Bewegungen noch einmal durch, die von jemandem, der zuschaut, erraten werden müssen.
3. Von dieser Geschichte kann zur Erinnerung ein Bild gemalt werden, das Ihr Kind aufhängen kann. Dies wird es sicher zu weiteren Gesprächen anregen.

Waschtag bei Familie Luig

Mitmachgeschichte

Alter: ab 4 Jahren

Spielverlauf:
Zu Beginn stellen Sie Ihrem Kind folgendes Rätsel:

„Was ist das?
Schmutzig tust du es hinein,
sauber wird's dort von ganz allein."
(Waschmaschine)

Nun laden Sie Ihr Kind zu einer ganz besonderen Mitmachgeschichte ein.

Förderziele:
Die Bewegungsfreude Ihres Kindes soll geweckt, sein Wortschatz erweitert, Gehörtes in Bewegung umgesetzt, seine Konzentration gefördert, Sprechtempo und Dynamik sollen erlebt werden.

Hinweis:
In dieser Geschichte werden spielerisch Abläufe erklärt, Bewegungsformen benannt und geübt und Lautverbindungen trainiert. Achten Sie auch hier auf ein dynamisches Sprechen und darauf, dass bestimmte Worte klar und deutlich ausgesprochen werden. Drosseln Sie an den „Mitmach-Stellen" das Sprechtempo, denn Ihr Kind muss die Bewegungen in Ruhe durchführen können.

Waschtag bei Familie Luig

Heute ist Mittwoch und bei Familie Luig ist Waschtag. Die Wäsche stapelt sich. Unzählige Hemden, Blusen, Handtücher, Strümpfe, Unterwäsche, Hosen und ein rotes Kleid liegen vor der Waschmaschine.
Frau Luig sortiert die Wäsche und dann geht's los.
In der Waschmaschinen wirbelt die Wäsche RUNDHERUM (Hände übereinander drehen), HIN UND HER (Hände und Arme hin und her pendeln), KREUZ UND QUER (Hände überkreuzen). Und immer wieder wirbelt die Wäsche RUNDHERUM (Hände übereinander drehen), HIN UND HER (Hände und Arme hin und her pendeln), KREUZ UND QUER (Hände überkreuzen).
Nach einiger Zeit SCHLEUDERT (Hände ganz schnell übereinander drehen) die Waschmaschine lange und dann hat sie ihre Arbeit getan. Die Wäsche ist fertig (Hände auf die Oberschenkel legen). Frau Luig hängt die Wäsche auf.
Die zweite Maschine wird gefüllt, und die Maschine wäscht von neuem.
In der Waschmaschine wirbelt die Wäsche RUNDHERUM (Hände übereinander drehen), HIN UND HER (Hände und Arme hin und her pendeln), KREUZ UND QUER (Hände überkreuzen). Und immer wieder wirbelt die Wäsche RUNDHERUM (Hände übereinander drehen), HIN UND HER (Hände und Arme hin und her pendeln), KREUZ UND QUER (Hände überkreuzen).
Nach einiger Zeit SCHLEUDERT (Hände ganz schnell übereinander drehen) die Waschmaschine wieder lange und dann hat sie ihre Arbeit getan. Die Wäsche ist fertig (Hände auf die Oberschenkel legen). Frau Luig hängt den zweiten Korb Wäsche auf.
Nun muss nur noch das rote Kleid gewaschen werden. Das kommt nicht in die Maschine, das Kleid gehört in die Handwäsche. Frau Luig zieht das Kleid vorsichtig im Wasser HIN UND HER (Hände und Arme hin und her pendeln), AUF UND AB (Hände und Arme auf und ab bewegen), REIBT die Soßenflecken heraus (mit den Händen hin und her reiben) und zieht es noch einmal HIN UND HER (Hände und Arme hin und her pendeln) und AUF UND AB (Hände und Arme auf und ab bewegen). Das nasse Kleid hängt sie auf und ihre Arbeit ist erledigt. Nun muss sie warten und in der Zwischenzeit trinkt sie Kaffee und isst ein Stück Kuchen. Nachdem die Wäsche trocken ist, BÜGELT sie Frau Luig (Bügelbewegungen machen), FALTET sie (Faltbewegungen machen) und legt die Wäscheteile in die Schränke.
Für eine Woche hat sie Ruhe, doch dann geht alles von vorne los.

Veränderung:
Vielleicht können Sie mit Ihrem Kind auch einmal einen Handwaschtag durchführen.

Es war einmal ein Riese

Vers **Alter: ab 3 Jahren**

Spielverlauf:
Zunächst stellen Sie Ihrem Kind ein Rätsel:

„Wer ist das?
Er ist ganz klein, trägt eine Zipfelmütze und es gibt ihn nur im Märchen."
(Zwerg)

Ihr Kind kann nun ein Zwerg sein und sich entsprechend bewegen. Dann stellen Sie ihm ein zweites Rätsel.

„Wer ist dies?
Er ist so groß wie ein Baum und auch ihn gibt es nur im Märchen?"
(Riese)

Jetzt kann Ihr Kind ein Riese sein und sich entsprechend bewegen. Danach laden Sie es zu einem Mitmachvers ein. Die Bewegungen dazu werden dem Text entsprechend durchgeführt.

Förderziele:
Ihr Kind soll Bewegungsfreude entdecken, einen Sprechrhythmus und ein Reimsprachverständnis aufbauen, seinen Wortschatz erweitern, Gehörtes verstehen und umsetzen lernen sowie Sprechtempo, Sprechrhythmus und Sprechdynamik erleben.

Hinweis:
In diesem Vers werden spielerisch Lautverbindungen wie „–zw–", „–ft–", „–sp–", „–pf–" und „–schl–" geübt. Sprechen Sie diese Lautverbindungen deutlich, damit Ihr Kind sie nachsprechen kann.

Es war einmal ein Riese

**Es war einmal ein Riese,
der wohnt in einem Berg,
dort wohnt er nicht alleine,
mit ihm, da wohnt ein Zwerg.**

**Es war einmal ein Riese,
er hüpft um einen Berg,
er hüpft dort nicht alleine,
mit ihm, da hüpft ein Zwerg.**

**Es war einmal ein Riese,
der läuft um einen Berg,
er läuft dort nicht alleine,
mit ihm, da läuft ein Zwerg.**

**Es war einmal ein Riese,
der springt um einen Berg,
er springt dort nicht alleine,
mit ihm, da springt ein Zwerg.**

**Es war einmal ein Riese,
der schläft in einem Berg,
er schläft dort nicht alleine,
mit ihm, da schläft ein Zwerg.**

Weitere Anregungen:

1. Märchen von Riesen und Zwergen erzählen (z.B. Schneewittchen).
2. Denken Sie sich weitere Bewegungen aus, die ein Zwerg und ein Riese machen könnten, z.B. krabbeln oder klettern, einen Baum schüteln usw.

7 Wörtersammler: So bekommt Ihr Kind spielend einen guten Wortschatz

Schon in den ersten Lebenswochen beginnt sich der Wortschatz Ihres Kindes zu entwickeln. Im ersten Kapitel sind wir ausführlich auf die Sprachentwicklung eingegangen. Deshalb möchte ich in diesem Kapitel kurz auf die lautlose Sprache, die Körpersprache eingehen. Durch Mimik und Gestik unterhalten und verstehen Sie sich mit Ihrem Kind vom ersten Tag an. Ihr Kind liest von Ihrer Haltung ab, wie es Ihnen geht. Auch Sie erkennen an seiner Mimik und Gestik sowie an seiner Körperhaltung, welche Bedürfnisse es gerade hat. Sie, liebe Eltern, sind, auch was die Körpersprache angeht, das wichtigste Vorbild für Ihr Kind.

Schnell nimmt es Ihre Sprache und auch die Sprache anderer Menschen seiner Umgebung an. Jeder Blick, jede Bewegung, jede Berührung, jede Handlung, jedes Wort, jeder Satz, jede Bemerkung, jedes Lied, jedes Spiel, jede Unterhaltung und jede Erzählung wird von Ihrem Kind mit seinen Sinnen wahrgenommen und bald auch verstanden. Durch Wiederholungen werden sie in seinem Gehirn abgespeichert und sind ausschlaggebend für die Entwicklung seiner Sprache. Seien Sie, liebe Eltern, sich dieser Tatsache bewusst und beginnen Sie, Ihre eigene Wort- und Körpersprache zu überprüfen, zu reflektieren, zu verbessern, zu verändern. Eine liebevolle Wort- und Körpersprache hilft Ihrem Kind, eine gute und vertrauensvolle Beziehung zu seiner Umwelt aufzubauen.

7.1 Rätsel

Das tierisch gute Rätselalphabet

Alter: ab 5 Jahren

Spielverlauf:
Als Vorbereitung müssen Sie dreizehn Postkarten halbieren und jeden Buchstaben des Alphabets auf eine Postkartenhälfte schreiben. Diese Karten legen Sie umgedreht auf den Tisch. Nun laden Sie Ihr Kind ein, eine Karte umzudrehen. Lesen Sie ihm das Rätsel zu dem dort aufgeführten Buchstaben vor.
Förderziele:
Ihr Kind soll seinen Wortschatz erweitern, Gehörtes erkennen, verstehen, benennen und umsetzen sowie sein Gedächtnis, seine Konzentration und seine Denkfähigkeit schulen.
Hinweis:
Dieses Spiel verlangt von Ihrem Kind eine Menge Konzentration und auch Kenntnisse. Das in diesem Buch zu findende Brain-Gym-Fingerspiel (siehe Seite 74f: „Des Nachts“) unterstützt die Konzentrations- und Denkfähigkeit Ihres Kindes positiv. Singen und spielen Sie dieses Fingerspiel mit Ihrem Kind zu Beginn der Sprachspielübungen oder auch zwischendurch.

Das tierisch gute Rätselalphabet

A
Wer ist das?
Es fängt mit A an, kann klettern, frisst gerne Bananen und lebt im Urwald.
(Affe)

B
Wer ist das?
Es fängt mit B an, frisst gerne Honig, hat ein braunes oder weißes Fell und ist dick.
(Bär)

C
Wer ist das?
Es fängt mit C an, verändert seine Farben, hat einen langen Schwanz und vier kurze Beine.
(Chamäleon)

D
Wer ist das?
Es fängt mit D an, lebt in einer Höhle, ist dick und pelzig und frisst gerne Mäuse.
(Dachs)

E

Wer ist das?

Es fängt mit E an, trägt Lasten, hat einen langen Rüssel, wird groß und schwer.

(Elefant)

F

Wer ist das?

Es fängt mit F an, lebt im Wasser, ist flink, ganz still, kann ganz groß werden oder klitzeklein sein.

(Fisch)

G

Wer ist das?

Es fängt mit G an, lebt auf dem Bauernhof, schnattert laut und trägt ein Federkleid.

(Gans)

H

Wer ist das?

Es fängt mit H an, hat zwei Ohren, die Löffel genannt werden, hüpft und frisst gern frisches grünes Gras.

(Hase)

I

Wer ist das?

Es fängt mit I an, hat ein Stachelkleid, rollt sich bei Gefahr zusammen wie ein Ball und macht einen langen Winterschlaf.

(Igel)

J

Wer ist das?

Es fängt mit J an, lebt im Dschungel, ist ein Raubtier, kann fauchen und ist ganz schnell.

(Jaguar)

K

Wer ist das?

Es fängt mit K an, kann Lasten tragen, lebt in der Wüste, hat vier lange Beine und kann viele Tage ohne Wasser leben.

(Kamel)

L
Wer ist das?
Es fängt mit L an, hat eine Mähne, ist ein Raubtier und lebt in der Steppe.
(Löwe)

M
Wer ist das?
Es fängt mit M an, hat einen langen Schwanz, Barthaare, lebt unter der Erde und wird von Katzen gefangen.
(Maus)

N
Wer ist das?
Es fängt mit N an, hat auf der Nase ein Horn und ist dick und sehr bedrohlich.
(Nashorn)

O
Wer ist das?
Es fängt mit O an, lebt im Wasser, hat einen Pelz und frisst gerne Fische.
(Otter)

P
Wer ist das?
Es fängt mit P an, lebt in Schnee und Eis, watschelt, frisst gerne Fische, kann schwimmen und hat schwarze Flügel.
(Pinguin)

Q
Wer ist das?
Es fängt mit Q an, lebt im Meer, ist durchsichtig und geleeartig und kann uns die Haut verbrennen.
(Qualle)

R
Wer ist das?
Es fängt mit R an, lebt im Wald, ist flink, lebt im Rudel und kann sehr gut hören.
(Reh)

S
Wer ist das?
Es fängt mit S an, lebt im Meer, sieht aus wie ein Stern und ist stachlig.
(Seestern)

T
Wer ist das?
Es fängt mit T an, hat viele Fangarme und versprüht bei Gefahr schwarze Tinte.
(Tintenfisch)

U
Wer ist das?
Es fängt mit U an, lebt gern in Türmen oder auf Dachböden und fliegt nur nachts.
(Uhu)

V
Wer ist das?
Es fängt mit V an, kann groß oder klein sein, kann fliegen und dieses Tier gibt es in allen möglichen Farben und Arten.
(Vogel)

W
Wer ist das?
Es fängt mit W an, ist ganz lang, dick und schwer und trotzdem im Wasser schnell.
(Wal)

Y
Wer ist das?
Es fängt mit Y an, ist langhaarig, groß und schwer, hat Hörner und lebt in Zentralasien.
(Yak)

Z
Wer ist das?
Es fängt mit Z an, lebt in Afrika, hat ein Fell mit Streifen und sieht aus wie ein Pferd.
(Zebra)

Veränderung:
Dieses Buchstabenrätsel kann mit Hilfe von Geräuschen und Bewegungen ein bisschen vereinfacht werden.

Rätsel für Jedermann

Alter: ab 5 Jahren

Spielverlauf:
Eine Rätselrunde macht mehr Spaß, wenn mehrere mitraten. Deshalb sollten alle Familienmitglieder oder Freunde Ihres Kindes zu dieser Rätselrunde eingeladen werden. Auf dem Küchentisch steht ein Teller mit Apfelstücken. Nach jedem richtig erratenen Rätsel kann man sich ein Apfelstück nehmen.
Förderziele:
Ihr Kind kann seinen Wortschatz erweitern, Gehörtes verstehen und benennen, seine Konzentration und sein Gedächtnis schulen sowie seine akustische Wahrnehmung trainieren.
Hinweis:
Da bei diesen Rätseln die Konzentration Ihres Kindes sehr beansprucht wird, sollten Sie eines der Brain-Gym-Lieder (siehe Seite 128) vorher singen.

Du brauchst sie täglich

Du brauchst sie täglich, jede Stund,
und steckst du etwas in den Mund,
dann helfen sie dir eins, zwei, drei,
von diesen Helfern hast du zwei.
(Hände)

Jeden Morgen um halb acht

Jeden Morgen um halb acht,
wirst du von ihr wach gemacht.
Sie zeigt dir an, beeil dich schnell,
die Zeit, sie rennt dir von der Stell.
(Uhr)

Leise fallen sie vom Himmel

Leise fallen sie vom Himmel,
fast unsichtbar ist ihr Gewimmel.
Sie machen schnell die Erde nass,
da durchzulaufen macht viel Spaß.
(Regentropfen/Schneeflocken)

Hm, wie es im Hause riecht

Hm, wie es im Hause riecht,
der Duft leis aus dem Ofen kriecht.
Ich schau hinein, kann was entdecken,
ich glaube, das wird mir ganz gut schmecken.
(Kuchen/Plätzchen)

Es ist mal eckig und mal rund

Es ist mal eckig und mal rund,
du steckst es gern in deinen Mund.
Es ist mal sauer und mal süß,
Komm, sag mir schnell, was ist wohl dies?
(Bonbon)

Sie ist mitten im Gesicht

Sie ist mitten im Gesicht,
du brauchst sie immer, wenn es riecht.
Mal läuft sie und mal ist sie zu,
dann lässt sie dir gar keine Ruh.
(Nase)

Sie sitzen still im grünen Grase

Sie sitzen still im grünen Grase,
sie schnuppern still mit ihrer Nase.
Sie fressen still das frische Grün,
und bist du still, kannst du sie sehn.
(Hasen)

Sie steht am Himmel

Sie steht am Himmel, sie ist warm,
du spürst sie schnell auf deinem Arm.
Sie setzt sich auch auf deinen Bauch,
auf deinem Kopf spürst du sie auch.
(Sonne)

Sie läuten leis den Frühling ein

Sie läuten leis den Frühling ein,
sie sind weiß und ganz, ganz klein.
Ihre Blätter, die sind schlank,
ihr grüner Stiel ist dünn und lang.
(Schneeglöckchen)

Der Rätselsack

Rätsel **Alter: ab 5 Jahren**

Spielverlauf:
Nähen Sie aus bunten Stoffflicken einen Sack. Die unten genannten Rätsel schreiben Sie auf Zettel. Diese legen Sie in den Sack oder Sie sammeln kleine Filmdosen und legen die Rätselzettel dort hinein. Die gefüllten Dosen kommen jetzt in den Sack. Diesen Sack hängen Sie an einen von Ihrem Kind ausgesuchten Ort. Der Sack kann nun zu jeder Zeit von Ihrem Kind geholt werden und die darin aufbewahrten Rätsel können zu jeder Zeit und an jedem Ort gelöst werden. Natürlich kann der Inhalt immer wieder verändert werden.

Förderziele:
Ihr Kind soll seinen Wortschatz erweitern, Gehörtes verstehen und benennen, sein Gedächtnis sowie seine akustische Wahrnehmung schulen und seine Konzentration trainieren.

Hinweis:
Da bei diesen Rätseln die Konzentration Ihres Kinde sehr beansprucht wird, sollten Sie das Brain-Gym-Fingerspiel (siehe Seite 74f.) oder ein Brain-Gym-Lied (siehe Seite 128) vorher mit ihm singen.

Sie strahlt vom Himmel

Sie strahlt vom Himmel wunderschön
und reizt dich zum Spazierengehn.
Sie weckt die Blumen, jedes Tier,
wie heißt sie, komm, sagst du es mir?
(Sonne)

Ganz langsam

Ganz langsam kommt es aus der Erde,
ach, wenn es doch schon Frühling wäre.
Das kleine Glöckchen weht im Wind,
den Namen, den kennt jedes Kind.
(Schneeglöckchen)

Kaum wird es Frühling

**Kaum wird es Frühling, hoppelt er
ganz leise übers Feld daher.
Sitzt da und schaut, spitzt seine Ohren,
hat er im Winter wohl gefroren?
(Hase)**

In Scharen kommen sie zurück

**In Scharen kommen sie zurück,
sie singen dir ein Frühlingsstück.
Sie bauen Nester, klitzeklein,
legen Eier dort hinein.
(Vögel)**

Er ist so dick und tapst daher

**Er ist so dick und tapst daher,
er geht ganz langsam und ganz schwer.
Sein Fell ist weich wie das der Katze,
schlägt nach den Bienen mit der Tatze.
(Bär)**

Er hat Löffel

**Er hat Löffel, dünn und lang,
hüpft blitzschnell durch das Gras.
Er ist nicht mutig, sondern bang,
mehr macht ihm das Fressen Spaß.
(Hase)**

Ihre Federn sind meist nass

**Ihre Federn sind meist nass.
Sie schnattert laut, wer ist denn das?
Sie kann schwimmen und auch fliegen
oder faul im Grase liegen.
(Ente)**

Die schlaue Post

Rätselfragen **Alter: ab 7 Jahren**

Spielverlauf:
Die unten gestellten Fragen schreiben Sie bitte jeweils auf einen Zettel und stecken diesen in einen Briefumschlag. Spannen Sie in Ihrer Wohnung (dort, wo es nicht stört) eine Wäscheleine. An diese Leine hängen Sie die Briefumschläge. Nun kann Ihr Kind zu jeder Zeit einen Brief von der Leine nehmen. Lesen Sie ihm die dort enthaltene Frage vor, und Ihr Kind muss versuchen, sie zu beantworten. Findet es die Antwort auch nach längerem Nachdenken nicht, so versuchen Sie gemeinsam Lösungshilfen zu finden. Die unten genannten Fragen sind nur Beispiele. Sie können auch einfachere Fragen in die Umschläge geben.

Wichtig:
Um weitere Fragen zu finden, auch leichtere, können Sie auf Wissensbücher für Kinder zurückgreifen: Auch ein schönes Geburtstagsgeschenk!

Förderziele:
Ihr Kind kann seinen Wortschatz erweitern, Gehörtes verstehen und benennen lernen, sein Gedächtnis schulen und seine Konzentration trainieren. Die Fragen regen zur Kommunikation an und vermitteln Ihrem Kind Wissen.

Hinweis:
Das Brain-Gym-Fingerspiel (siehe Seite 75f.) unterstützt die Konzentration und aktiviert beide Gehirnhälften.

Rätselfragen

Warum schlüpfen Küken aus Eiern, wenn sie warm gehalten werden?

Antwort:
Wenn die Henne auf dem Ei sitzt, wärmt sie dieses bei ca. 38 Grad. Dann beginnt in jedem Ei das Küken zu wachsen. In 21 Tagen ist das Küken so groß, dass es die Schale durchbricht.

Warum nehmen Hühner Sandbäder?

Antwort:

Hühner bleiben durch diese Bäder sauber. Sie befreien sich dadurch vom Ungeziefer. Sie rutschen auf der Erde hin und her, um viel Sand in ihre Federn zu bekommen. Wenn sie den Sand dann wieder abschütteln, fällt auch das Ungeziefer mit heraus, und die Hühner sind sauber.

Können Pflanzen atmen?

Antwort:

Ja, die Blätter und Stängel der Pflanzen haben kleine Löcher. Sie werden Spaltöffnungen genannt. Bei den meisten Pflanzen befinden sich diese Öffnungen an der Unterseite der Blätter. Durch diese Öffnungen atmen die Pflanzen. Sie atmen nachts anders als am Tag. Tagsüber atmen sie Sauerstoff aus und Kohlendioxid – das ist ein weiteres Gas – ein. Nachts atmen sie Sauerstoff ein und Kohlendioxid aus.

Woher kommt der Sauerstoff, den wir einatmen?

Antwort:

Er stammt von den Pflanzen. Wir Menschen brauchen Sauerstoff zum Leben. Der Sauerstoff wird im Inneren der Pflanzen erzeugt und von den Pflanzen ausgeatmet. Wenn alle Pflanzen vertrocknen würden, gäbe es keinen Sauerstoff mehr und ein Leben auf der Erde wäre unmöglich. Auch Bäume atmen. Sie atmen zusätzlich (zu den Blättern) durch die Risse ihrer Rinde.

Schlafen Pflanzen nachts?

Antwort:

Im Dunkeln falten manchen Blumen ihre Blätter zusammen. Andere schließen ihre Blütenköpfe. Es sieht dann wirklich so aus, als würden sie schlafen. Doch das ist nicht so. Pflanzen brauchen keinen Schlaf, sie wachsen Tag und Nacht.

Woher bekommen Pflanzen das Wasser?

Antwort:

Pflanzen nehmen das Wasser durch die Wurzeln auf. Von jeder dicken Wurzel zweigen viele dünne Wurzeln ab.

Warum sind Blüten bunt und duften?

Antwort:

Wären die Blüten nicht bunt und würden sie nicht so gut riechen, dann würden die Insekten nicht kommen. Manche der Blüten enthalten eine süße, duftende Flüssigkeit. Sie heißt Nektar. Viele Pflanzen brauchen Insekten, um sich fortpflanzen, d. h.. umFrüchte mit Samen bilden zu können. Wenn die Insekten Nektar trinken, hinterlassen sie Pollen auf dem Stempel der Pflanzen, in dem sich dann die Samen bilden. Manche Pollen gelangen auch mit dem Wind auf die Stempel einer Blüte.

Was ist der Stempel einer Blüte?

Antwort:

In der Mitte einer Blüte sitzt ein Stempel mit einer klebrigen Spitze und rundherum sind viele Staubgefäße mit Pollen. Wenn der Wind oder die Insekten den Pollen (Blütenstaub) auf den Stempel übertragen, entwickeln sich Früchte und in den Früchten Samen, aus denen neue Pflanzen wachsen. Ohne Stempel und Staubgefäße könnten keine neuen Pflanzen entstehen.

Haben Schmetterlinge Augen auf ihren Flügeln?

Antwort:

Nein. Manche Nachtfalter haben auf ihren Hinterflügeln eine Zeichnung, die aussieht wie Augen. Meistens ist sie verborgen, aber bei Gefahr wird sie sichtbar, um einen Angreifer zu erschrecken.

Warum fliegen Libellen immer in demselben Bereich umher?

Antwort:

Sie verteidigen ihr Revier. Das Libellenmännchen beansprucht ein Gebiet, in dem das Weibchen seine Eier ablegen kann. Das Männchen bewacht dieses Gebiet, und wenn ein anderes Libellenmännchen kommt, wird es verjagt.

Warum zirpen Grillen?

Antwort:

Die Männchen zirpen. Sie beherrschen drei verschiedene Zirpgesänge.
Einen davon benutzen sie, um andere Männchen von ihrem Revier fernzuhalten.
Will ein Männchen ein Weibchen anlocken, benutzt es einen anderen Gesang.
Beim Kampf unter Grillen wird dann noch ein weiterer Gesang benutzt.

Wie weben Spinnen ihr Netz?

Antwort:

In vielen Spinnennetzen sind manche Fäden klebrig, andere nicht. Die Spinne fertigt zuerst einen Rahmen aus Fäden an, die nicht kleben. Dann spinnt sie den Rest des Netzes aus klebrigen Fäden.

7.2 Die Sprachspielkiste

Sprachspiele **Alter: ab 5 Jahren**

Spielverlauf:

Bekleben Sie einen alten Schuhkarton mit buntem Geschenkpapier. In eine Seite oder in den Deckel schneiden Sie ein größeres Loch. Entsprechend dem Alter Ihres Kindes füllen Sie nun die Kiste immer wieder mit neuen Zetteln, auf denen Sprachspiele stehen. Die hier angegebenen Spiele sind für Kinder ab 5 Jahren. Die Kiste steht immer auf demselben Platz und kann jederzeit von Ihrem Kind hervorgeholt werden.

Förderziele:

Ihr Kind erweitert seinen Wortschatz, lernt, Lautstrukturen zu erkennen, verbessert seine Aufmerksamkeit, Konzentration und Artikulation, trainiert seine akustische Wahrnehmung, schult sein Gedächtnis und entwickelt Sprachfantasie.

Hinweis:

Das Brain-Gym-Fingerspiel (siehe Seite 74f.) und die Brain-Gym-Lieder (siehe Seite 128) sind auch hier sehr hilfreich.

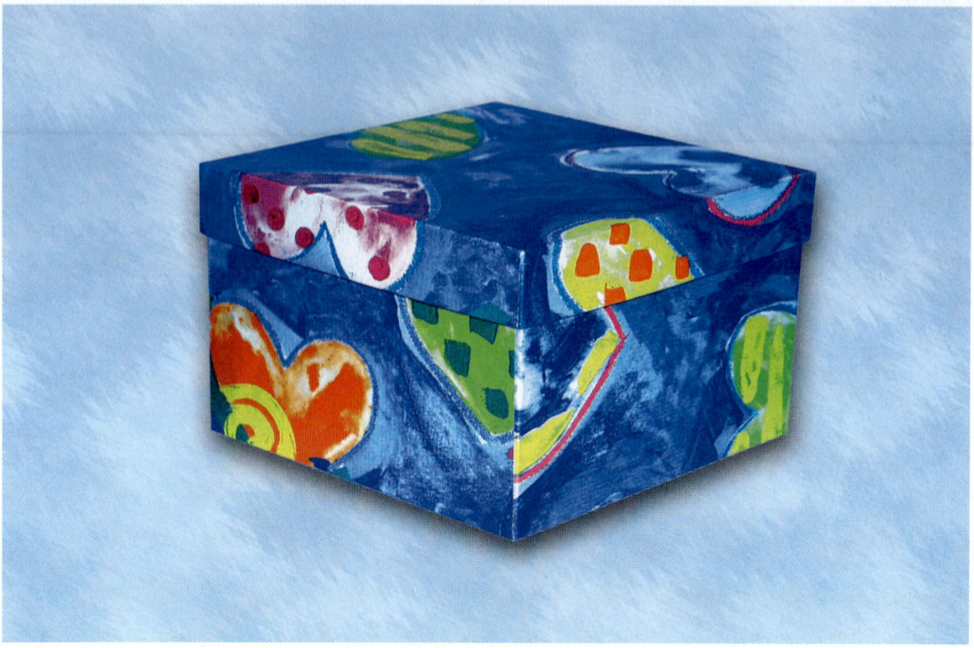

Liederraten

1. Summen Sie Ihrem Kind bekannte Lieder vor, die es erraten soll.
2. Singen Sie Lieder auf „la la la", „brumm brumm brumm", „summ summ summ" und lassen Sie Ihr Kind raten.
3. Liedlückengesang: Ihr Kind singt bekannte Lieder mit. Sie singen beispielsweise „Alle meine Entchen", Ihr Kind singt „schwimmen auf dem See". Sie singen „Köpfchen in das Wasser", Ihr Kind singt „Schwänzchen in die Höh" und so weiter.

Wörter und Begriffe suchen

1. Nenne mir sechs Wörter, die mit B anfangen. (Dieses Spiel kann natürlich mit jedem Buchstaben durchgeführt werden.)
2. Nenne mir sechs Dinge, die zum „Obst" dazugehören. (Oder zu Geschirr, Werkzeug, Besteck etc.)
3. Nenne mir sechs Dinge, die zum Winter gehören. (Oder zum Frühling, Sommer oder Herbst.)

Reime mit mir

1. Es war einmal eine Katze, die reicht' mir ihre ... (Tatze).
2. Es war einmal 'ne Maus, die lief davon ins ... (Haus).
3. Es war einmal ein Hund, mein Mund ist kugel... (rund).
4. Ich spiele mit dem Ball und höre einen ... (Knall).
5. Das Wasser, das ist kalt, und ich lauf in den ... (Wald).

Komm, klatsch mit mir

Schreiben Sie auf einzelne Zettel beliebige Wörter, die eine oder mehrere Silben haben, sodass man zu deren Betonung einmal, zweimal, dreimal oder sogar noch häufiger klatschen muss. (Beispiele: Haus, Katze, Sonne, Mund, Fensterbank, Regenschirm, Auto usw.) Diese Zettel legen Sie umgedreht auf den Tisch. Nun dreht Ihr Kind nacheinander jeweils einen Zettel um, Sie nennen ihm das Wort und Ihr Kind klatscht entsprechend.

Geschichten erfinden

1. Schreiben Sie wieder beliebige Wörter auf kleine Karten. Diese Karten legen Sie umgedreht auf den Tisch. Nun dreht Ihr Kind eine Karte um und beginnt eine Geschichte zu dem Wort zu erzählen.

Variante:

Es können zwei, drei oder noch mehr Karten umgedreht werden und alle Begriffe müssen in der Geschichte vorkommen. Natürlich helfen Sie mit!

2. Sie halten einen Ball in der Hand und beginnen mit einer Geschichte, irgendwann werfen Sie Ihrem Kind den Ball zu. Ihr Kind muss die Geschichte weitererzählen. Dann wirft Ihr Kind Ihnen den Ball wieder zurück und Sie erzählen weiter. Einer führt die Geschichte zu Ende.

Rätsel aus Märchen

Schreiben Sie Fragen, Sätze oder kurze Abschnitte aus verschiedenen Märchen jeweils auf eine Karte. Ihr Kind wählt eine Karte aus, Sie lesen Ihrem Kind den Text vor. Ihr Kind soll das Märchen erraten bzw. die Frage beantworten.

Beispiele:

1. Was brachte Rotkäppchen der Großmutter?
2. Was fand der Frosch im Brunnen?
3. Mit wie vielen Zwergen lebte Schneewittchen zusammen?
4. Was sagte die Königin, als sie in den Spiegel schaute?
5. Wie hieß der Bruder von Gretel?
6. Was rief das Brot, als es fertig war?

7.3 Kimspiele, Reaktionsspiele und Gedächtnisspiele

1. Gehen Sie mit Ihrem Kind zusammen durch Ihre Wohnung und holen Sie aus allen Räumen fünf bis sechs Gegenstände. Diese werden auf einen Tisch gestellt. Nun sagen Sie beispielsweise „Küche" und Ihr Kind nimmt schnell einen Gegenstand vom Tisch, der in die Küche gehört. Ihr Kind sagt „Bad", nun nehmen Sie schnell einen Gegenstand, der in das Bad gehört. Zusätzlich werden die genannten Wörter geklatscht.
2. Mehrere Gegenstände werden auf dem Tisch in eine Reihe gestellt. Ihr Kind schaut sich die Dinge an, merkt sich die Reihenfolge und dreht sich zur Wand. Sie verändern nun die Anzahl und Reihenfolge, d. h. Sie nehmen ein Ding weg oder legen ein neues hinzu. Ihr Kind schaut sich die Reihenfolge erneut an und muss den Fehler entdecken. (Es können auch zwei oder mehrere Teile verändert werden.)
3. Sie stellen fünf bis sechs Teile aus der Küche in eine Reihe, davon sind ein oder zwei Teile aus einem anderen Raum. Ihr Kind schaut sich die Dinge an und soll die Teile herausfinden, die nicht in die Küche gehören.
4. Schlussaufgabe: Ihr Kind bringt alle Dinge dorthin zurück, wohin sie gehören.

7.4 Fehlergeschichten

Der Flunkerzwerg

Fehlergeschichte **Alter: ab 6 Jahren**

Spielverlauf:
Ihr Kind bekommt eine kleine Trillerpfeife. Es soll sich nun eine Geschichte anhören, in der so einiges falsch ist. Bemerkt es einen Fehler, so kann es pfeifen (statt zu pfeifen kann es auch in die Hände klatschen, auf den Boden stampfen oder laut schreien) und den Fehler berichtigen.

Förderziele:
Ihr Kind kann seinen Wortschatz erweitern, Gehörtes verstehen, differenzieren und verändern, seine Konzentration und Reaktion schulen, sein Gedächtnis trainieren und üben, eine Lautstruktur zu erkennen.

Hinweis:
Ein Brain-Gym-Lied (siehe Seite 128) kann zur Unterstützung gesungen werden.

Der Flunkerzwerg

Der Flunkerzwerg kann viel berichten,
er erzählt gar schöne Geschichten.
Doch die sind nicht immer richtig,
zuzuhören ist sehr wichtig.
Pass gut auf, dann fällt dir ein,
wo der Fehler mag wohl sein.
Gurken sind süß und Bonbons sind sauer,
wenn ich lache, dann nennt man das Trauer.
Wasser ist trocken und Feuer ist nass,
wenn ich weine, dann nennt man das Spaß.
Pudding ist weich und Eier sind hart,
Männer, die tragen gern einen Bart.
Die Katze, die bellt, und ein Vogel kann springen,
ein Affe, der klettert, ein Pferd, das kann singen.
Im Winter, da fällt vom Himmel der Schnee,
auf der Wiese, da wächst oft ganz viel Klee.
Die Feuerwehr macht tütata
und Weihnachten ist jedes Jahr.
Mit dem Flunkern ist jetzt Schluss,
weil der Zwerg nach Hause muss.

Weitere Anregungen:

1. Aus der Erinnerung zählt Ihr Kind möglichst viele falsche Dinge aus der Fehlergeschichte auf.
2. Ihr Kind kann nun Sätze erfinden, in denen etwas nicht stimmt. Diese Sätze müssen sich nicht reimen.
3. Die Fehlergeschichte kann noch einmal als Reimgeschichte (ohne Verbesserungen) erzählt werden, d.h. Ihr Kind spricht das letzte Wort in der zweiten Zeile.
4. Die Geschichte wird jetzt richtig erzählt. Natürlich reimt sie sich dadurch nicht mehr.

Hör gut zu

Fehlergeschichte **Alter: ab 5 Jahren**

Spielverlauf:
Ihr Kind bekommt zwei Kaffeelöffel. Bitten Sie es, gut zuzuhören. Sobald ihm etwas auffällt, was vielleicht nicht so ganz richtig ist, kann es als Signal die Löffel aufeinander schlagen und den Fehler verbessern.

Förderziele:
Ihr Kind kann seinen Wortschatz erweitern, Gehörtes verstehen, differenzieren und verändern, seine Konzentration und Reaktion schulen, sein Gedächtnis trainieren und üben, eine Lautstruktur zu erkennen.

Hinweis:
Ein Brain-Gym-Lied (siehe Seite 128) kann hier zur Unterstützung gesungen werden.

Hör gut zu

Hör gut zu und gib gut Acht,
denn ich hab was falsch gemacht.
Hör dir die Geschichte an,
damit man gut erkennen kann,
was falsch ist und was richtig,
gut zuzuhören ist sehr wichtig.
Feuer ist heiß, die Sonne ist warm,
Socken trägt man an dem Arm.
Zucker ist süß, Kaffee ist weiß,
Eis aus dem Kühlschrank ist flüssig und heiß.
Katzen, die hüpfen, und Würmer, die fliegen,
auf einer Decke, da kann man ganz gut liegen.
Über den Schnee, da freun sich die Kinder,
Kirschen, die gibt es immer im Winter.
Käfer, die zwitschern, und Hühner, die singen,
Pferde, die hüpfen, und Hasen, die springen.
Und bist du müde, dann ruhst du dich aus,
und die Geschichte, ja, die ist nun aus.

7.5 Kunterbunte Sprachspiele für einen verregneten Nachmittag

Sprachspiele

Alter: ab 5 Jahren

Hinweis:
Es wäre schön, wenn bei diesem Spiel mehrere Mitspieler mitmachen würden.

Material:
für jeden Mitspieler ein Sammelkorb

Spielverlauf:
Zunächst erzählen Sie die folgende Geschichte:
„Die Hexe Sing-Sang wohnt in einem kleinen kunterbunten Haus am Rande einer Stadt. Sing-Sang hat ein Hobby: Sie sammelt Wörter. Jeden Tag geht sie mit ihrem großen Korb auf Wörtersuche. Mal sammelt sie gelbe, blaue, rote oder grüne Wörter, ein anderes Mal kurze oder lange Wörter und manchmal sammelt sie auch leise und laute Wörter. Diese verwahrt sie in einer großen Schatztruhe auf. Doch eines Abends, als sie ihre gesammelten leisen Wörter in ihre Schatztruhe gelegt hat, hat Sing-Sang vergessen, die Truhe abzuschließen. Als sie am nächsten Morgen zu ihrer Truhe kam, blieb ihr vor Schreck die Spucke weg. In der Nacht waren all ihre lauten und leisen, langen und kurzen, roten und gelben Wörter gestohlen worden."

Förderziele:
Ihr Kind kann seinen Wortschatz erweitern, Gehörtes verstehen und benennen, sein Gedächtnis schulen und seine Konzentration trainieren. Außerdem regen die Fragen Gespräche an und vermitteln Wissen.

Hinweis:
Ein Brain-Gym-Lied (siehe Seite 128) unterstützt die Konzentration und aktiviert beide Gehirnhälften.

Wörtersuche

Ihr Kind nimmt einen Korb und sucht „leise Wörter".

Durchführung:
Ihr Kind geht durch das Haus und sucht Gegenstände, die leise Geräusche verursachen (z.B. Watte).
Variante:
Zusätzlich kann die Menge der zu suchenden Gegenstände die Aufgabe erschweren. Natürlich können auch „Wörter" gesucht werden, die „lang", „kurz", „laut", „gelb" usw. sind.

Schau genau

Für dieses Spiel benötigen Sie Gegenstände, deren dazugehörige Wörter kurz sind (beispielsweise Ei, Milch, Brot, Schuh, Stein, Blatt) und Gegenstände, deren dazugehörige Wörter lang sind (beispielsweise Banane, Löffel, Messer, Handschuh, Tomate).

1. Spielvorschlag:

Vier Gegenstände mit einem kurzen Wort werden nebeneinander auf den Tisch gelegt. Das Kind schaut sie sich gut an, spricht und klatscht sie und dreht sich dann um. Ein Gegenstand wird weggenommen. Das Kind dreht sich um und soll sagen, welcher Gegenstand weggenommen wurde. Es klatscht und spricht das Wort.

2. Spielvorschlag:

Vier Gegenstände mit einem kurzen Wort werden nebeneinander auf den Tisch gelegt. Das Kind schaut sich die Gegenstände an, spricht und klatscht sie und dreht sich um. Ein Gegenstand mit einem langen Wort wird dazugelegt und ein anderer Gegenstand mit einem kurzen Wort wird weggenommen. Das Kind schaut sich die Gegenstände an und nennt und klatscht den Gegenstand, der weggenommen, und den, der dazugelegt wurde.

3. Spielvorschlag:

Es werden mehrere Gegenstände mit einem langen und kurzen Wort weggenommen und dazugelegt.

Die Klatschkette

Material:

Gegenstände oder Bilder, deren Namen ein oder zwei Silben haben, die geklatscht werden müssen (Apfel, Blatt, Teller, Ei, Zeitung, Tasse usw.).

Spielvorschlag:

Legen Sie eine „Klatschreihe“: Dazu werden die Gegenstände, die einen langen und einen kurzen Namen haben, in einer bestimmten Reihenfolge hintereinander gelegt. Ihr Kind schaut sich die Wörter an, spricht sie in Gedanken und klatscht dazu. Es entsteht dadurch ein Klatschrhythmus (Beispiel: In der Reihe liegt ein Apfel, ein Blatt, ein Teller, ein Ei. Das Kind spricht in Gedanken „Apfel“ und klatscht zweimal, es spricht in Gedanken „Blatt“ und klatscht einmal, es spricht in Gedanken „Teller“ und klatscht zweimal, es spricht in Gedanken „Ei“ und klatscht einmal).

Veränderung:

Das Spiel wird erschwert, indem Gegenstände oder Bilder, deren Namen drei Silben hat und somit dreimal geklatscht werden muss, dazugelegt werden (Beispiel: Blumentopf).

Ich sehe was, was du nicht siehst

altbekanntes Beschreibungsspiel

Spielverlauf:
Bei diesem Spiel sucht ein Kind einen Gegenstand aus. Es beschreibt ihn, ohne seinen Namen zu nennen. Die anderen Mitspieler versuchen den Gegenstand schnell zu erraten und nennen ihn laut.

Ohne Worte

Material:
Memory-Spielkarten oder Postkarten, auf denen ein Beruf, eine Tätigkeit, ein Tier, eine Maschine usw. zu erkennen sind.

Spielverlauf:
Die Karten liegen mit dem Bild nach unten auf dem Tisch. Ein Mitspieler nimmt eine Karte, schaut sie sich an und versucht nun, diese Tätigkeit, das Tier oder den Beruf pantomimisch darzustellen. Die anderen Mitspieler raten. Dann nimmt der nächste Spieler eine Karte usw.

Variante:
Bei jüngeren Mitspielern kann demjenigen, der etwas vormachen soll, ein Tier oder eine Tätigkeit ins Ohr geflüstert werden.

Der schnelle Dieb

Material:
eine Reihe von verschiedenen Gegenständen, z.B. Tasse, Schuh, Löffel, Kamm, Tuch, Schere, Glas, Gabel usw.

Spielverlauf:
Die Gegenstände liegen auf dem Tisch oder auf dem Boden. Ein Mitspieler ruft z.B. „Schuh". Alle anderen Mitspieler müssen schnell reagieren. Der Mitspieler, der als Erster den Schuh gestohlen hat, kann nun einen anderen Gegenstand nennen. Wieder muss schnell gestohlen werden. Das Spiel ist beendet, wenn kein Gegenstand mehr auf dem Boden oder auf dem Tisch liegt.

Lovely Bear

8 Malspiele – und die Sprachentwicklung wird kreativ

Worte, Handlungen oder gar die eigenen Vorstellungen in Bilder umzusetzen, fällt vielen Kindern sehr schwer. Sie vergleichen ihre Malbilder mit denen ihrer Freunde und können schon gut erkennen, wenn sie nicht so „schön“ malen wie andere. Sie verlieren das Interesse und malen gar nicht mehr. Manchmal verlieren sie auch die Freude am Malen, weil ihre Eltern ihre Werke nicht achten oder sie ständig auffordern, schöner zu malen. Viele Eltern halten das Malen auch nicht für wichtig und sind der Ansicht, dass Ihr Kind besser etwas „Richtiges“ spielen soll. Doch das Malen erleichtert das spätere Schreiben, daher sollte das Malen seitens der Eltern gezielt unterstützt werden.

Vormalen ist da keine Hilfe, jedoch sind Malgeschichten für malfaule oder malschwache Kinder genau das Richtige. Mit Hilfe einer kleinen Geschichte werden Malvorgänge erklärt und auf diese Weise fällt das Malen leichter. Das Malergebnis entspricht dem Text und somit ist das Kind mit seiner Leistung zufrieden. Die Kombination aus Malen und Sprechen ist daher für die Sprachentwicklung eine gute Hilfe.

Durch das Malen werden die Feinmotorik verbessert und die Handmuskulatur gestärkt, dieses wiederum verbessert das spätere Schriftbild Ihres Kindes. Deshalb legen Sie, liebe Eltern, Wert auf das Malen und helfen Sie Ihrem Kind durch die folgenden Malgeschichten.

Drei Freunde am Meer

Malgeschichte **Alter: ab 5 Jahren**

Spielverlauf:
Zunächst stellen Sie Ihrem Kind ein Rätsel:

„Wer ist das?
Er bewegt sich schnell, doch stumm, schwimmt immer nur im Wasser rum.“
(Fisch)

Ein Gespräch über das Leben der Fische kann sich anschließen. Sie laden Ihr Kind nun zu einer Malgeschichte ein. Nehmen Sie ebenfalls einen Stift und malen Sie mit.

Förderziele:
Die Stärkung der Handmuskulatur Ihres Kindes, die Verbesserung seiner Feinmotorik, die Förderung seiner akustischen Wahrnehmung, seiner Konzentration und seines Wortschatzes sowie seiner Fähigkeit, Gehörtes zu verstehen und umzusetzen.

Hinweis:
Lesen Sie langsam und korrekt vor, damit Ihr Kind den Vorgaben folgen kann. Malen Sie mit, so macht es Ihrem Kind mehr Freude und es kann sein Bild mit Ihrem vergleichen. Loben Sie Ihr Kind für seine Leistung und hängen Sie, für alle sichtbar, sein Werk auf. Die Malfreude wächst und Ihr Kind wiederholt vielleicht von ganz allein diese Malaufgabe.

Drei Freunde am Meer

Dem Stift fällt jetzt das Stillstehn schwer,
ein weißes Blatt, das muss nun ... (her).
Schau her, er malt nun Schritt für Schritt,
ganz langsam drei ovale Kreise auf das Blatt malen. Sie sind der Bauch
wenn du willst, mach du jetzt mit.
Was er malt, wird nicht verraten,
du musst jetzt nur ein wenig warten.
an jeden Bauch ein Dreieck als Schwanz malen und an jeden Fisch oben und unten ein lang gezogenes Dreieck als Flosse malen
Schau einmal her und du wirst sehn,
dieses Bild wird wunderschön.
nun Wellen auf das Bild malen.
Dann in einen Fisch bunte Punkte malen und dazu Folgendes sprechen:
Das hier ist der Punktefisch,
er schwimmt munter und ganz frisch.
nun in den anderen Fisch bunte Streifen malen. Aus seinem Mund steigen Blubberblasen hoch. Dabei Folgendes sprechen:
Der Streifenfisch, er blubbert leise,
ist heute auf einer weiten Reise.
nun den dritten Fisch noch beliebig bunt anmalen und Folgendes sprechen:
Der bunte Fisch im großen Meer
freut sich über die andern sehr.
Drei Freunde kennen sich hier aus,
denn das Meer ist ihr Zuhaus.

Ihr Kind bekommt nun auch ein Blatt und Buntstifte. Malen und erzählen Sie die Geschichte noch einmal gemeinsam.

Variante:
Die Geschichte kann auch, wie gewohnt, als Reimgeschichte erzählt werden.

Die Blumenwiese

Malgeschichte **Alter: ab 5 Jahren**

Spielverlauf:
Zunächst stellen Sie Ihrem Kind ein Rätsel:

„Was ist das?
Sie ist bunt und duftet schön, du kannst sie auf der Wiese sehn.“
(Blume)

Betrachten Sie gemeinsam draußen in Ihrem Garten oder auf Ihrer Fensterbank Blumen, riechen Sie daran und sprechen Sie mit Ihrem Kind darüber. Laden Sie Ihr Kind dann zu einer Malgeschichte ein. Sie malen und sprechen, und Ihr Kind schaut Ihnen dabei zu. Wenn es das Reimen gewohnt ist, dann kann es sofort mitsprechen.

Förderziele:
Die Stärkung der Handmuskulatur Ihres Kindes, die Verbesserung seiner Feinmotorik und seiner Konzentration, die Erweiterung seines Wortschatzes, die Förderung seiner akustischen Wahrnehmung und der Fähigkeit, Gehörtes zu verstehen und umzusetzen.

Hinweis:
Lesen Sie langsam und korrekt vor, damit Ihr Kind den Vorgaben folgen kann. Malen Sie mit, so macht es Ihrem Kind mehr Freude und es kann sein Bild mit Ihrem vergleichen. Loben Sie Ihr Kind für seine Leistung und hängen Sie, für alle sichtbar, sein Werk auf. Die Malfreude wächst und Ihr Kind wiederholt vielleicht von ganz allein diese Malaufgabe.

Die Blumenwiese

Mein Stift, er macht ganz leise,
eine wunderschöne ... (Reise).
Er kann malen, schau dir an,
was er alles zaubern ... (kann).
Strich, Strich, Strich und Kreise dran,
drei Striche auf das Blatt malen und je einen Kreis oben auf jeden Strich
und zwei kleine Kreise als Blätter an den Stiel malen
schau, wie schön ich malen kann.
Wieder Striche, ach, wie schön,
um die Kreise Striche malen
Blumen kannst du hier jetzt sehn,
und mit Strichen mal ich schnell
eine Wiese auf der Stell.
Dieses Bild schau dir nun an,
jetzt bist du mit dem Malen dran.

Jetzt kann Ihr Kind mit Hilfe dieser Geschichte eine Wiese malen.

Weitere Anregung:
Wenn es das Wetter erlaubt, dann suchen Sie mit Ihrem Kind eine Wiese, auf der es nun die Blumen sieht, fühlt, riecht. Es kann hier viel gemeinsam erzählt und auch gelernt werden: Blumennamen, Tiernamen usw. erweitern ganz nebenbei den Wortschatz. Sie können mit Ihrem Kind auch in eine Gärtnerei oder in einen Blumenladen gehen. Dort kann ein Fachmann Ihrem Kind bestimmt ganz viel Interessantes erzählen. Nehmen Sie gleich einen Blumenstrauß mit. Er schmückt die Wohnung, und Ihrem Kind fällt es so sicher leichter, die Blumennamen noch einmal zu wiederholen.

Komm und schau jetzt einmal her

Malgeschichte **Alter: ab 5 Jahren**

Spielverlauf:
Sie laden Ihr Kind zu einem Fühlrätsel ein. Es soll die Augen schließen und eine kleine Stoffmaus erfühlen und erraten. Ein Gespräch über das Leben der Mäuse kann sich anschließen. Nun erzählen Sie ihm die folgende Geschichte und malen dazu.

Förderziele:
Die Stärkung der Handmuskulatur Ihres Kindes, die Verbesserung der Feinmotorik, seiner Konzentration und seines Wortschatzes, die Förderung seiner akustischen Wahrnehmung und seiner Fähigkeit, Gehörtes zu verstehen und umzusetzen.

Hinweis:
Lesen Sie langsam und korrekt vor, damit Ihr Kind den Vorgaben folgen kann. Malen Sie mit, so macht es ihm mehr Freude und es kann sein Bild mit Ihrem vergleichen. Loben Sie Ihr Kind für seine Leistung und hängen Sie, für alle sichtbar, sein Werk auf. Die Malfreude wächst und Ihr Kind wiederholt vielleicht von ganz allein diese Malaufgabe.

Komm und schau jetzt einmal her

Komm und schau jetzt einmal her,
malen, das ist gar nicht schwer.
Mein Stift, der malt fast von allein,
mein Bild, das wird bald fertig sein.
Ich male eine kleine Maus,
eine Maus malen
die sitzt ganz still vor einem Haus.
ein Haus malen
Die Sonne scheint ihr auf das Fell,
eine Sonne malen
die Maus rührt sich nicht von der Stell.
Sie sitzt im frischen grünen Grase,
die Halme pieksen in der Nase.
Grashalme malen
Blumen blühen hier und dort,
einfache Blumen malen
die kleine Maus will hier nicht fort.
Das Mausebild ist wirklich schön,
doch jetzt will ich dich malen sehn.

Nun bekommt Ihr Kind eine Blatt und mit Hilfe dieser Geschichte malt es nun auch ein Bild.

Variante:
Die Geschichte kann auch, wie gewohnt, als eine Reimgeschichte angewandt werden.

9 Wie Ihr Kind die Singsprache entdeckt

Das Singen ist eine besonders beliebte Form, um die Sprache zu erlernen; denn mit Hilfe von einfachen, eingängigen Melodien festigen sich im Gehirn die Worte leichter. Die Melodie ist also die Gedächtnisstütze, die Ihr Kind nutzt, um sich später wieder an das Lied und dessen Worte zu erinnern. Wenn Sie Ihrem Kind eine Melodie vorsummen, dann kann es schnell den Text benennen.

Eine einfache Art, eine Melodie zu erlernen, ist das Summen oder das Singen auf „la la". Das stärkt die Mundmuskulatur und verbessert die Aussprache. Liedtexte werden nie unmodern. Schöpfen Sie, liebe Eltern, aus Ihrem Repertoire und erinnern Sie sich an Lieder aus Ihrer Kindheit. Sie werden sehen, wie viel Freude Sie Ihrem Kind machen, wenn Sie mit ihm singen. Mit dem Singen ist immer auch Bewegung verbunden, wodurch der Text noch eingängiger wird und sich konkreter abspeichern lässt. Die Grobmobmotorik Ihres Kindes wird verbessert und das Gleichgewicht geschult. Singen beruhigt und motiviert sprachfaule Kinder. Kinder mit Sprachschwierigkeiten wie Stammeln oder Stottern erleben das Singen als ein kleines „Wunder", denn beim Singen fließt ihre Sprache fehlerfrei.

Schau dir meine Finger an

Bewegungslied **Alter: ab 3 Jahren**
(zu singen auf die Melodie „Brüderchen, komm, tanz mit mir")

Spielablauf:
Ihr Kind führt, entsprechend dem Text, die Bewegungen aus.

Förderziele:
Ihr Kind kann Freude an der Singsprache aufbauen, durch das Singen Sprachängste und Sprachschwierigkeiten überwinden, seine Grobmotorik verbessern, Gehörtes verstehen und umsetzen lernen, seine Konzentration fördern, das handlungsorientierte Singen üben. Außerdem wird seine Bewegungsfreude geweckt.

Hinweis:
Singen Sie dieses Lied in einem Tempo, dem Ihr Kind folgen kann, denn ansonsten verliert es die Freude an der Bewegung.

Schau dir meine Finger an

Schau dir meine Finger an,
wie schön man damit zappeln kann.
mit den Fingern zappeln
Es ist schön, es ist so schön,
den Fingern dabei zuzusehn.

Schau dir meine Füße an,
wie schön man damit tanzen kann.
tanzen
Es ist schön, es ist so schön,
den Füßen dabei zuzusehn.

Schau dir meine Hände an,
wie schön man damit klatschen kann.
klatschen
Es ist schön, es ist so schön,
den Händen dabei zuzusehn.

Schau dir meine Füße an,
wie schön man damit stampfen kann.
mit den Füßen stampfen
Es ist schön, es ist so schön,
den Füßen dabei zuzusehen.

Variante:
Sie können weitere beliebige Strophen mit Ihrem Kind erfinden (zum Beispiel streicheln, hüpfen, trippeln usw.).

Ri, Ra, Ratz

Bewegungslied **Alter: ab 3 Jahren**

zu singen auf die Melodie „Ri, Ra, Rutsch, wir fahren mit der Kutsch'"

Spielablauf:
Während Sie das Lied singen, schleicht Ihr Kind wie eine Katze. Zu Beginn stellen Sie Ihrem Kind ein Geräuschrätsel (Sie machen das Geräusch einer Katze nach). Ein Gespräch über Katzen schließt sich an.

Förderziele:
Ihr Kind kann Freude an der Singsprache aufbauen, singend die Lautverbindungen sowie das handlungsorientierte Singen üben (Singen mit Bewegung verbinden) und seine Artikulation verbessern.

Hinweis:
Singen Sie in einem Tempo, dem Ihr Kind folgen kann. Üben Sie den Text durch Klatschen, Stampfen, Sprechen, Summen ein. Das macht Spaß und Ihr Kind kann über die Bewegung den Text leichter behalten.

Ri, Ra, Ratz

Ri, Ra, Ratz, ich schleiche wie 'ne Katz.
Ich schleiche leise um das Haus
Ihr Kind kann um Ihre Beine schleichen
und fang mir eine kleine Maus.
Ri, Ra, Ratz, ich schleiche wie 'ne Katz

Ri, Ra, Ratz, ich schleiche wie 'ne Katz.
Ich schleiche leise durch das Gras,
Ihr Kind kann über den Boden schleichen
das macht mir heute ganz viel Spaß.
Ri, Ra, Ratz, ich schleiche wie 'ne Katz.

Ri, Ra, Ratz, ich schleiche wie 'ne Katz.
Ich schleiche leise in mein Haus
und ruh mich dort ein wenig aus.
Ihr Kind legt sich auf ein Kissen
Ri, Ra, Ratz, ich schleiche wie 'ne Katz.

Schau meine Hände

Brain-Gym-Lied **Alter: ab 4 Jahren**

zu singen auf die Melodie „Hänsel und Gretel"

Spielverlauf:
Ihr Kind führt die Bewegungen entsprechend dem Liedtext durch (nach Möglichkeit über Kreuz).

Förderziele:
Verbesserung der visuellen, auditiven, kinästhetischen und taktilen Wahrnehmung Ihres Kindes sowie seiner Fähigkeit, das Gehörte zu verstehen und umzusetzen, Förderung von Konzentration und Aufmerksamkeit sowie der Rechts- und Linkskoordination, Aktivierung beider Gehirnhälften.

Hinweis:
Achten Sie bei diesem Lied auf die korrekte Durchführung, damit die oben genannten Ziele auch verwirklicht werden können.

Schau meine Hände

Schau meine Hände, die springen hin und her.
Ja, meine Hände, die mögen das so sehr.
Sie tanzen immer wieder, mal hin und auch mal her,
Hände überkreuzen
sie machen auch mal Pause
Hände auf die Oberschenkel legen
und wollen nun nicht mehr.

Schau meine Füße, die springen hin und her.
Ja, meine Füße, die mögen das so sehr.
Sie springen immer wieder, mal hin und auch mal her,
Füße überkreuzen
sie machen eine Pause
stehen bleiben
und wollen nun nicht mehr.

Schau meine Hände, die patschen hin und her.
Ja, meine Hände, die mögen das so sehr.
Sie patschen immer wieder, mal hin und auch mal her,
rechte Hand auf den linken Oberschenkel,
linke Hand auf den rechten Oberschenkel schlagen
sie machen eine Pause
Hände auf die Oberschenkel legen
und wollen nun nicht mehr.

Schau meine Füße, die stampfen hin und her.
Ja, meine Füße, die mögen das so sehr.
Sie stampfen immer wieder, mal hin und auch mal her,
über Kreuz stampfen und dabei vorwärts gehen
sie machen ein Pause
stehen blieben
und wollen nun nicht mehr.

Hände und Füße, die springen hin und her.
Hände und Füße, die mögen das so sehr.
Sie tanzen immer wieder, mal hin und mal her,
mit Händen und Füßen überkreuzte Bewegungen machen
sie machen eine Pause
stehen bleiben
und wollen nun nicht mehr.

Tra, ri, ra, jetzt ist der Frühling da

Lied **Alter: ab 3 Jahren**

zu singen auf die Melodie „A, a, a, der Sommer, der ist da"

Spielverlauf:
Holen Sie aus Ihrem Küchenschrank zwei Holzlöffel, zwei Kaffeelöffel, einen Kochtopf und füllen Sie ein Schraubglas halb voll mit Erbsen. Diese Gegenstände werden nun zu Instrumenten, mit denen die einzelnen Strophen begleitet werden. Schreiben Sie auf vier Postkarten je Frühling, Sommer, Herbst und Winter. Diese legen Sie umgedreht auf den Tisch. Ihr Kind kann nun eine Postkarte umdrehen. Über die entsprechende Jahreszeit wird nun gemeinsam gesprochen. Suchen Sie aus den selbst gemachten Instrumenten nun für diese Jahreszeit eines aus. Hat jede Jahreszeit ihr Instrument, dann singen Sie Ihrem Kind das folgende Lied vor. Ihr Kind kann Sie mit dem Instrument begleiten.

Förderziele:
Ihr Kind kann Freude an der Singsprache entwickeln, seine Konzentration und Aufmerksamkeit und Artikulation schulen, seinen Wortschatz erweitern, Lautverbindungen üben. Außerdem bekommt es spielerisch Wissen vermittelt.

Hinweis:
Singen Sie das Lied bzw. die Lautverbindungen deutlich, damit Ihr Kind korrekt nachsingen kann. Da der Inhalt des Liedes auch etwas über die Jahreszeiten erzählt, wäre es ratsam, dieses Wissen mit Hilfe von Bilderbüchern zu vertiefen. Bilderbücher laden zur Unterhaltung ein und verbessern so die Ausdrucksfähigkeit.

Tra, ri, ra, jetzt ist der Frühling da

Tra, ri, ra, jetzt ist der Frühling da.
Die Welt, die ist nun aufgewacht,
vom Himmel schon die Sonne lacht.
Tra, ri, ra, jetzt ist der Frühling da.

Tra, ri, ra, jetzt ist der Frühling da.
Der Schnee, er schmilzt, die Blumen blühn,
die Bäume werden wieder grün.
Tra, ri, ra, jetzt ist der Frühling da.

**Tra, ri, ra, jetzt ist der Sommer da.
Er schenkt uns Wärme jeden Tag,
die Groß und Klein so gerne mag.
Tra, ri, ra, jetzt ist der Sommer da.**

**Tra, ri, ra, jetzt ist der Sommer da.
Die Sommersonne strahlt so sehr,
im Urlaub fahren wir ans Meer.
Tra, ri, ra, jetzt ist der Sommer da.**

**Tra, ri, ra, der Herbst, der ist jetzt da.
Die grünen Blätter werden bunt,
das Obst, das steck ich in den Mund.
Tra, ri, ra, der Herbst, der ist jetzt da.**

**Tra, ri, ra, der Herbst, der ist jetzt da.
Der wilde Wind, er kommt daher,
die Kinder mögen das so sehr.
Tra, ri, ra, der Herbst, der ist jetzt da.**

**Tra, ri, ra, jetzt ist der Winter da.
Dickes Eis bedeckt den See,
die Kinder toben gern im Schnee.
Tra, ri, ra, jetzt ist der Winter da.**

**Tra, ri, ra, jetzt ist der Winter da.
Ein Schneemann steht vor jedem Haus,
er lockt die Kinder alle raus.
Tra, ri, ra, jetzt ist der Winter da.**

10 So verbessert Ihr Kind spielend seine Sprechmotorik

Viele organisch gesunde Kinder sprechen undeutlich, unverständlich und haben große Probleme, verstanden zu werden. Das liegt zum einen an der plakativen, wortfetzenartigen Umgangssprache, zum anderen an einer nicht ausgebildeten Mundmuskulatur und den erschlafften Sprechwerkzeugen wie Lippen, Zunge usw. Um bei Ihrem Kind eine klare und gut verständliche Sprache zu fördern, sollten Sie von klein auf darauf achten, dass die Sprechwerkzeuge Ihres Kindes gestärkt werden. Eine gut ausgebildete Mundmuskulatur, starke Lippen, eine bewegliche Zunge, eine starke Kaumuskulatur und eine korrekte Atmung tragen dazu bei, dass Ihr Kind, wenn keine krankhaften Veränderungen vorhanden sind, verständlich sprechen kann.

Sie, liebe Eltern, können viel für eine gute Ausbildung der Sprechwerkzeuge tun. Unterstützen Sie das Brabbeln, Lallen, Prusten und Pusten Ihres Kindes. Machen Sie Tiergeräusche nach und summen, brummen, knurren, zischen, schnalzen Sie mit ihm, so oft es geht. Geben Sie ihm Nahrungsmittel, die es kauen muss, gurgeln Sie beim Zähneputzen mit ihm, lassen Sie es Kerzen auspusten und mit einem Strohhalm trinken. Durch diese alltäglichen Tätigkeiten stärken und sensibilisieren Sie das Sprechwerkzeug Ihres Kindes. Je seltener die oben genannten Dinge von Ihrem Kind durchgeführt werden, desto schlaffer wird sein Sprechwerkzeug und desto unklarer wird seine Aussprache.

Sorgen Sie durch Ihr eigenes Vorbild und mit gezielt ausgesuchten Spielen (weniger durch belehrende Anweisungen und Verbesserungen) dafür, dass Ihr Kind den Mund beim Sprechen formt und Laute und Lautverbindungen deutlich spricht. Die im Folgenden genannten Spiele stärken und sensibilisieren das Sprechwerkzeug und die Mundmuskulatur Ihres Kindes und machen darüber hinaus viel Spaß. Ein Spiegel, der bei einigen Spielen als Hilfsmittel benutzt wird, lässt Ihr Kind sehen, wie es spricht. Er motiviert bestimmt, noch deutlicher zu sprechen und mit dem Mund und dem restlichen Sprechwerkzeug zu experimentieren.

10.1 Grimassenspiele

Alter: ab 5 Jahren

Spielverlauf:
Bemalen oder beschreiben Sie kleine Karten mit Grimassen, die ein Gefühl oder einen Gemütszustand ausdrücken. Sie können natürlich auch Grimassenfotos machen, die dann für dieses Spiel verwendet werden. Diese Karten legen Sie so auf den Tisch, dass sie nicht gesehen oder gelesen werden können. Nun laden Sie Ihr Kind zu einem Grimassenrätsel ein. Sie machen ihm einige Grimassen (ohne Ton) vor, beispielsweise Weinen, wütend Schreien, Lachen. Ihr Kind soll die Grimassen erraten und nachspielen. Dann fordern Sie es durch den folgenden Vers zu einem Grimassenspiel auf.

Förderziele:
Stärkung der Mundmuskulatur und des Sprechwerkzeugs Ihres Kindes, Verbesserung seiner Artikulation und seiner visuellen und akustischen Wahrnehmung sowie seiner Fähigkeit, Gehörtes zu verstehen und umzusetzen.

Hinweis:
Benutzen Sie für diese Spiele einen Spiegel.

Spielablauf:
Nacheinander dreht nun jeder eine Karte oder ein Foto um, macht die darauf zu sehende Grimasse vor und lässt den anderen raten. Dann machen Sie beide die Grimasse noch einmal zusammen. Jetzt kann der andere Mitspieler eine Karte umdrehen und in der beschriebenen Art weiterspielen. Über dieses Spiel werden Gefühle benannt und gleichzeitig die Gesichtsmuskulatur, die eine klare Artikulation ausmacht, gestärkt.

Ich hab mir etwas ausgedacht

Ich hab mir etwas ausgedacht,
das dir bestimmt viel Freude macht.
Komm, ich lade dich nun ein,
mein Gast bei diesem Spiel zu sein.
Ich nehme dich an meine Hand,
geh mit dir ins Grimassenland.

Eine Reise zum Grimassenkönig

Material:
ein großer Bogen farbiges Tonpapier, Filzstifte, Lineal, Würfel, Spielfiguren vom „Mensch, ärgere dich nicht"-Spiel

Vorbereitung:
Malen Sie auf den Bogen einen langen Weg, der in Kästchen unterteilt ist und zu einem Schloss führt. Malen Sie an einige Stellen kleine Häuser, in denen kleine Aufgaben stehen, die Ihr Kind erfüllen muss, um weitergehen zu können.

Beispiele für Aufgaben:

Brülle wie ein Löwe, zische wie eine Schlange, sei wütend wie ein zorniger Mensch,
puste und sauge wie ein wilder Wind, pruste wie ein Pferd, schnaufe wie eine Lokomotive,
weine wie ein trauriges Kind, lache wie ein lustiger Clown, blubber wie ein Fisch.
Mache einen O-Mund und spreche dieses O so lange, wie du kannst.
Mache einen A-Mund und spreche dieses A so lange, wie du kannst.
Mache einen E-Mund und spreche dieses E so lange, wie du kannst.
Mache einen I-Mund und spreche dieses I so lange, wie du kannst.
Mache einen U-Mund und spreche dieses U so lange, wie du kannst.
Ziehe mit deinen Fingern deinen Mund breit und singe ein Lied, z. B. „Alle meine Entchen".

Spielablauf:
Spielen Sie mit Ihrem Kind. Nacheinander kann jeder würfeln und entsprechend der Augenzahl vorwärts gehen. Kommt man auf ein Haus, so muss man die dort vermerkte Aufgabe erfüllen. Am Schloss angekommen, begrüßt man den König mit einer selbst gewählten Grimasse.

10.2 Kreative Saug-, Schieb- und Pustespiele

Alter: ab 3 Jahren

Förderspiele:
Stärkung der Mundmuskulatur und der Sprechwerkzeuge Ihres Kindes, Verbesserung seiner Artikulation und seiner Atmung, Förderung seiner visuellen und akustischen Wahrnehmung sowie seiner Fähigkeit, Gehörtes zu verstehen und umzusetzen.

Die Pustestraße

Material:
Küchentisch, Bausteine, leicht fortzupustende Gegenstände wie Watte, Papier, Feder usw.
Spielvorgang:
Bauen Sie mit Ihrem Kind auf einem Tisch mit Bausteinen eine Pustestraße. Bestimmen Sie den Start- und Zielpunkt. Nun kann Ihr Kind versuchen, leichte Dinge vom Start zum Ziel zu pusten.
Varianten für Ältere:
1. Es wird ein Pustelabyrinth gebaut, d.h. die Pustestraße führt hin und wieder auch mal vor eine Bausteinwand. Ihr Kind muss den richtigen Weg finden, um den Gegenstand vom Start zum Ziel zu pusten.
2. Zusätzlich kann eine Sanduhr die Zeit bestimmen, in der der Gegenstand vom Start zum Ziel gepustet werden soll.

Wettpusten

Material:
Küchentisch, Bausteine, leichte Gegenstände
Spielvorgang:
Es werden zwei Pustestraßen gebaut. Auf ein Startzeichen hin pustet nun jeder auf seiner Straße die leichten Dinge zum Ziel.

Spuren pusten

Material:
flüssige Fingerfarbe, kleine Murmeln, Pappe, Pinsel, Mehl
Spielablauf:
Auf eine Pappe wird flüssige Fingerfarbe verteilt. Nun wird eine Murmel oder eine Erbse über das Blatt gepustet, die natürlich Spuren hinterlässt. Das fertige Bild ist eine schöne Erinnerung.

Weitpusten

Material:

ein Maßband, Kreppband, verschiedene leichte Materialien, Block und Bleistift

Spielablauf:

Das Maßband wird der Länge nach mitten über einen Tisch geklebt. Nun kann Ihr Kind in seinem Spielfeldteil nacheinander verschiedene leichte Gegenstände mit einem festen Pusten so weit voranbewegen, wie es ihm nur möglich ist. Danach pustet ein zweiter Mitspieler in seinem Feld den gleichen leichten Gegenstand und schaut, wie weit er ihn bewegen konnte. So kann jeder Mitspieler sehen, wie kräftig seine Puste ist.

Pustefußball

Material:

Kreppband, Luftballon

Spielverlauf:

Auf den Tisch werden mit Kreppband symbolisch zwei Tore geklebt. Nun können Sie mit Ihrem Kind Pustefußball spielen, d.h. der Luftballon muss in das Tor des Gegenspielers gepustet werden.

Hindernisse umpusten

Material:

leere Streichholzschachteln, eine leere Nähgarnrolle

Spielverlauf:

Die Streichholzschachteln werden aufrecht auf einem Tisch verteilt. Nun kann Ihr Kind versuchen, durch Anpusten der Nähgarnrolle mit dieser die Streichholzschachteln umzupusten.

Varianten für Ältere:

1. Eine Sanduhr bestimmt die Pustezeit und die umgeworfenen Streichholzschachteln werden gezählt.
2. Die Streichholzschachteln werden mit Zahlen versehen. Es wird gewürfelt, und die Streichholzschachtel mit der gewürfelten Zahl muss umgepustet werden. Wird eine Zahl gewürfelt und die entsprechende Schachtel ist nicht mehr da, so ist der Nächste an der Reihe.

Zum Ziel schieben

Material:

mehrere Schraubverschlüsse, zwei Eierlöffel, Kreppband, ein großes Holz- oder Kartonbrett

Spielverlauf:

In die Mitte eines Bretts wird ein Kreppbandstreifen geklebt. Dieser teilt das Brett/die Pappe in zwei Spielfelder. In jedem Feld liegt am Startpunkt ein Schraubverschluss. Dieser muss nun mit dem Löffel im Mund zum Ziel geschoben werden. Sie können daraus natürlich auch ein Wettspiel machen.

Der besondere Blumenstrauß

Material:

großes Blatt, Stifte, verschiedene Schraubverschlüsse, Eierlöffel

Spielablauf:

Auf das Blatt wird ein Blumenstrauß gemalt. Die Blumenköpfe sind große Kreise. Mit dem Löffel im Mund müssen nun die Schraubverschlüsse auf die Kreise geschoben werden.

Varianten für Ältere:

1. Verschieden große Schraubverschlüsse müssen auf die passend großen Kreise geschoben werden.
2. Die Blumenköpfe und die Schraubverschlüsse werden mit Zahlen versehen. Nun wird gewürfelt, und der passende Schraubverschluss wird mit dem Löffel im Mund auf die richtige Blume geschoben. Ist der Blumenkopf schon belegt, darf der Nächste würfeln.

Die Saugmaschine

Material:

leichtes Papier, Strohhalme, zwei Körbe

Spielverlauf:

Das Papier wird zerrissen und auf dem Tisch verteilt. Nun soll Ihr Kind mit einem Strohhalm die Papierstücke ansaugen und in einem Korb ablegen.

Varianten für Ältere:

1. Eine Sanduhr bestimmt die Zeit.
2. Aus dem Spiel wird ein Wettspiel gemacht, d.h. zwei Spieler saugen zur selben Zeit.

Würfeln, saugen, sammeln

Material:

Bohnen, Strohhalme, zwei Körbe, Würfel, ein Küchentuch

Spielverlauf:

Auf dem Küchentuch liegen Bohnen. Jeder kann würfeln und dementsprechend die Bohnen mit dem Strohhalm ansaugen und in einen Korb legen. Wenn keine Bohnen mehr auf dem Tisch liegen, ist das Spiel zu Ende.

Variante:

Ist Ihr Kind schon älter, so können die Bohnen in den Körben gezählt werden. So wird aus dem Spiel ein Wettspiel. Es kann aber auch eine Sanduhr die Zeit für die Spiellänge vorgeben.

10.3 Spiele zur Stärkung des Sprechwerkzeugs

Alter: ab 4 Jahren

Förderziele:
Stärkung der Mundmuskulatur und der Sprechwerkzeuge Ihres Kindes, Verbesserung der Artikulation, Förderung der visuellen und akustischen Wahrnehmung und der Fähigkeit, Gehörtes zu verstehen und umzusetzen.

Strohhalmstaffel

Paarspiel
Material:
12 leere Flaschen, 12 Strohhalme, 2 Gläser
Spielverlauf:
Es werden zwei Reihen mit je 6 Flaschen aufgestellt. Am Start stehen in zwei Gläsern je 6 Strohhalme. Auf ein Signal („Achtung, fertig, los!") holt jeder Mitspieler mit dem Mund jeweils einen Strohhalm und steckt ihn mit dem Mund in eine Flasche.
Varianten:
1. Bei einem älteren Kind kann eine Sanduhr die Zeit vorgeben.
2. Es können Hindernisse aufgebaut werden, die den Weg zur Flasche erschweren (z.B. Stühle oder Hocker).
3. Die Flaschenöffnungen können unterschiedliche Größen haben.
4. Es können anstatt der Strohhalme auch flache Bastelhölzer oder Eislöffel in Gläser oder Flaschen gestellt werden.

Wetttrinken

Paarspiel
Material:
10 kleine Gläser, Apfelsaft (oder ein anderes Getränk), für jeden Mitspieler ein Strohhalm
Spielverlauf:
Die Gläser werden mit gleich viel Apfelsaft gefüllt, in zwei Reihen auf den Tisch gestellt und mit einem Strohhalm versehen. Auf ein Startsignal hin werden sie leer getrunken.
Varianten:
1. Bei einem älteren Kind kann eine Sanduhr die Zeit vorgeben.
2. Es können verschiedene Getränke in die Gläser gefüllt werden, die Ihr Kind am Schluss benennen soll.

Mundmalereien

Material:

Buntstifte, Blätter, Klebeband (um die Blätter zu fixieren)

Spielverlauf:

Ihr Kind soll versuchen, kunterbunte Mundmalblätter zu erstellen, d.h. es malt mit dem Stift, der mit dem Mund festgehalten wird.

Variante:

Bei einem älteren Kind kann ein Malthema gestellt werden (z.B. Sonne, Haus oder Wiese).

Der Streichholzkönig

Material:

Nahrungsmittel, die zum Kauen anregen (z.B. Brotkruste, Nüsse, Apfel, Möhren usw.), Augenbinde, Würfel, Streichhölzer

Spielverlauf:

Alle Nahrungsmittel, die im weiteren Verlauf dieses Spieles „gekaut" und erraten werden sollen, liegen in einem Korb oder auf einen Teller. Gemeinsam kann über diese Nahrungsmittel gesprochen werden. Nun denkt sich jeder Mitspieler eine Zauberzahl aus. Reihum wird gewürfelt. Wer seine Zauberzahl gewürfelt hat, dem werden die Augen verbunden und er bekommt etwas, was er kauen muss und, wenn der Mund leer ist, benennen soll. Hat er richtig geraten, bekommt er ein Streichholz und würfelt noch einmal. Würfelt er wieder seine Zauberzahl, so kann er noch einmal „kauen" und ein Streichholz für die richtige Antwort bekommen. Würfelt er seine Zauberzahl nicht, dann ist der nächste Spieler an der Reihe. Der Spielablauf ist wie vorher. Wer hat zum Schluss, wenn der Teller leer ist, die meisten Streichhölzer?

Zauberblasen

Material:

eine große Tasse, Wasser, Wasserfarbe, Spülmittel, Strohhalme

Spielverlauf:

Eine Tasse wird mit Wasser, welches mit Wasserfarbe gefärbt und mit einem Zusatz von Spülmittel gefüllt wurde, zur Sprudeltasse. Dazu nimmt Ihr Kind sich einen Strohhalm und pustet große Zauberblasen.

Variante:

Wenn Sie ein Blatt über die Tasse halten, so zerplatzen die Blasen an dem Papier und hinterlassen eine farbige Spur.

Die Pustenase

Material:
leichte Dinge wie Federn, Mehl, Papierschnipsel oder Wattestreifen; ein Würfel
Spielverlauf:
Jeder Mitspieler bekommt die gleichen leichten Gegenstände. Es wird eine Zauberzahl bestimmt und nacheinander gewürfelt. Wer die Zauberzahl gewürfelt hat, kann sich einen leichten Gegenstand nehmen, ihn auf seine Hand legen und von dort mit der Nase, so weit es geht, wegpusten. Welcher Gegenstand fliegt wohin und wer hat zuerst seine Gegenstände weggepustet?

Das Pendelspiel

Material:
drei Kugelschreiber, Wolle, drei große Knöpfe, drei Flaschen mit einer großen Öffnung
Spielverlauf:
An einem langen Wollfaden wird an einem Ende ein Knopf befestigt und am anderen Ende der Kugelschreiber. Der Spieler steckt den Knopf in den Mund. Heraus baumelt jetzt der Faden, an dem der Kugelschreiber hängt. Dieser Kugelschreiber muss nun ohne Zutun der Hände in die Öffnung der Flasche gebracht werden. Ist die Aufgabe erfüllt, wird dies bei den anderen beiden Flaschen wiederholt.
Variante:
Bei einem älteren Kind kann eine Sanduhr die Zeit angeben und die Flaschenöffnungen können kleiner sein.

Tempo, Tempo

Material:
Papiertaschentücher, Abfalleimer
Spielverlauf:
Die Papiertaschentücher liegen auf dem Tisch oder im Raum verteilt. Auf ein Signal hebt der Spieler mit dem Mund die Taschentücher auf und bringt sie in den Abfalleimer.
Varianten:

1. Die Zeit kann von der Sanduhr vorgegeben werden.
2. Es können andere Materialien dazukommen, die dann auch mit dem Mund aufgehoben und weggebracht werden müssen. (Achtung: Die Materialien sollten nicht so klein sein, dass man sich an ihnen verschlucken kann!)
3. Das Ganze kann auch als Wettspiel gestaltet werden.

10.4 Mögliche und unmögliche Zungenbrecher

Alter: ab 6 Jahren

Spielverlauf:
Sie und Ihr Kind haben einen Spiegel in der Hand (oder spielen dieses Spiel im Bad vor einem großen Spiegel). Nun erfinden Sie abwechselnd Grimassen, die zur Lockerung der Gesichtsmuskulatur dienen. Auch Zischen, Blubbern, Schnalzen, Prusten und weitere Geräusche können erfunden und durchgeführt werden. Jetzt laden Sie Ihr Kind ein, lustige Zungenbrecher mitzusprechen. Zunächst wird eine Zeile von Ihnen vorgesprochen und Ihr Kind wiederholt sie, dann die zweite und Ihr Kind wiederholt auch diese, dann beide Zeilen zusammen und Ihr Kind wiederholt beide nacheinander. Zwischendurch immer wieder Mundgymnastik machen.
Wichtig: Die Zungenbrecher sind nicht immer ganz logisch, aber das ist hier unwesentlich.

Förderziele:
Das Sprechwerkzeug Ihres Kindes stärken, seine Artikulation verbessern, seine Sprech- und Experimentierfreude wecken.

Hinweis:
Bestimmt kennen Sie noch eine Menge Zungenbrecher, die Sie mit Ihrem Kind sprechen können. Vielleicht kann Ihr Kind auch neue erfinden. Seien Sie kreativ, es fällt Ihnen bestimmt etwas Lustiges ein.

Zungenbrecher

1. Zehn zahme Ziegen zogen zehn Zentner Zucker zum Zoo.
2. Schafe schlecken Schokolade, Schokolade schlecken Schafe.
3. Susi Sommer singt Solo-Songs.
4. Braune Bären brauchen Brause, Brause brauchen braune Bären.
5. Fünf faule Fliegenfänger fahren Fahrrad.
6. Die Klapperschlange klappert lange, lange klappert die Klapperschlange.
7. Bäcker Bruno backt Brot, Brot backt Bäcker Bruno.
8. Anton angelt Ameisen, Ameisen angelt Anton.

Varianten dieser Sprachspiele:

1. Mit den Zeigefingern beider Hände wird der Mund breit gezogen und so werden die Zungenbrecher gesprochen.
2. Ein Korken wird zwischen die Zähne genommen.
3. Die Zähne werden zusammengepresst.
4. Die Zungenbrecher werden gesprochen und dazu wird geklatscht, gestampft, gesprungen oder es werden andere Bewegungen gemacht. Ihr Kind soll erkennen, was zu dem Zungenbrecher am besten passt, z. B. Stampfen beim Bärenzungenbrecher oder pantomimisches Teigkneten beim Bäcker Bruno.
5. Die Zungenbrecher werden gesprochen und dazu wird dem Mitspieler rhythmisch auf den Rücken geklopft.
6. Die Zungenbrecher langsam und schnell sprechen und ihnen einen Rhythmus geben.

11 Spielend Sprechblockaden abbauen

Ängste, Träume, Stress in der Familie, Stress mit Freunden, im Kindergarten, das Erfahren von Ablehnung und viele Dinge mehr schwächen das Selbstbewusstsein Ihres Kindes und können dazu beitragen, dass seine sprachliche Entwicklung blockiert wird. Stammeln, schnelles Sprechen, Verschlucken von Lauten, ja sogar Stottern oder Sprachverweigerung können auf die oben genannten negativen Einflüsse zurückzuführen sein. Diese Sprachblockaden sind Signale, die Ihr Kind aussendet. Es verlangt nach Zuwendung, nach einer liebevollen Beziehung. Es möchte beachtet werden.

Am besten ist es natürlich, wenn solche Auffälligkeiten erst gar nicht entstehen. Von daher ist es vom Zeitpunkt der Geburt an schon wichtig, die emotionalen Bedürfnisse Ihres Kindes zu stillen. Kuscheln, Streicheln, kleine Massagen, aber auch Fantasiegeschichten, Körperspielgeschichten und viele Dinge mehr, die in Ruhe und Stille durchgeführt werden, tragen dazu bei, dass solche Auffälligkeiten erst gar nicht entstehen. Sind sie aber doch zu erkennen, so können Entspannungsübungen helfen, Blockaden abzubauen. Über Massagen, Streichel- und Körperspiele oder durch Fantasiereisen lernt Ihr Kind Sprache spüren, Sprache sehen. Es verbindet mit der Sprache eine Vorstellung, ein Gefühl, eine Berührung. Das Kind erfährt, dass Sprache sanft, wohltuend, entspannend, anregend und beruhigend sein kann. Mit Hilfe der Stilleübungen lernt Ihr Kind, wieder zu sich selbst zu kommen, sich wahrzunehmen, Ruhe zuzulassen, sich Zeit zu nehmen, Gedanken zu sortieren und der stillen Sprache, d.h. der Vorstellung, dem Gespür, Raum zu geben. Es lernt, dass Sprache geräuschlos sein kann, und es lernt, seine Aufmerksamkeit auf stille Signale zu lenken. Stilleübungen fördern die Konzentration, die wiederum für die Sprachentwicklung wichtig ist.

Zu einer stressfreien Entwicklung, insbesondere der Sprachentwicklung, gehört auch ein intaktes Gefühlsleben. Ein Kind, das unter negativen Gefühlen leidet, kann keine Lebensfreude entwickeln und keine Sprechfreude aufbauen. Es verstummt. Mit Hilfe der im Folgenden aufgeführten Übungen und Spiele kann Ihr Kind seine Gefühle ausleben, sie einem anderen mitteilen und sich so von ihnen befreien. Es lernt, Gefühle über die Sprache loszulassen, aber auch kreativ zu sein, d.h. seinen momentanen Zustand mit Hilfe von Bildern und anderen kreativen Möglichkeiten (Formen, Gestalten, Schreiben, Tanzen) auszudrücken.

Die Art der Zuneigung, der Körper- und Blickkontakt, den ein Kind erfährt, gibt ihm das Gefühl, anerkannt zu werden. Emotionale Stabilität ist ein wichtiger Baustein auch für die Sprachentwicklung eines Kindes. Liebe, Geduld, Zuwendung und Anerkennung wecken die Sprechfreude und machen aus Ihrem Kind ein fröhlich plapperndes, lebensbejahendes Kind.

Stell dir vor ...

Fantasiegeschichte **Alter: ab 5 Jahren**

Ablauf:
Versuchen Sie eine entspannende Atmosphäre zu schaffen, indem Sie den Raum ein wenig verdunkeln, eine kleine Lampe anmachen, für ruhige Musik sorgen und Ihrem Kind einen bequemen Liegeplatz herrichten. Die Fantasiereise sollte *nicht* vor dem Einschlafen erzählt werden, denn Ihr Kind muss aus der Tiefenentspannung wieder herausgeholt werden.
Nachdem es wieder ganz wach ist, kann es zirka eine halbe Stunde später ins Bett gebracht werden. Bitte in der dieser Zeit keine Unruhe aufkommen lassen. Das gemeinsame Betrachten eines Bilderbuches unterstützt die Schlafvorbereitung.

Erzählhinweis:
Damit diese Geschichte entspannend auf Ihr Kind wirken kann, sollten Sie leise und mit längeren Pausen erzählen. Machen Sie nach jeder Zeile eine kurze Atempause, so kann sich Entspannung entwickeln.

Förderziele:
Ihr Kind soll lernen, sich Worte bildlich vorzustellen, Gehörtes in Fantasiebilder umzusetzen, sein Gedächtnis zu trainieren, Ängste abzubauen und sich zu entspannen.

Hinweis:
Stellen Sie mit Hilfe einer Kerze, einer ruhigen Musik, einer Kuscheldecke oder einem Kuschelkissen eine Atmosphäre her, die dazu beiträgt, dass Ihr Kind sich wohl fühlt. Nehmen Sie sich Zeit und genießen Sie gemeinsam diese Zeit. Suchen Sie sich eine Zeit aus, in der Sie keinen Druck haben, beispielsweise an einem ruhigen und terminfreien Nachmittag. Je mehr Zeit Sie haben, umso länger wirkt die Entspannung nach. Führen Sie hinterher immer ein Gespräch mit Ihrem Kind, damit es seine Empfindungen und Erlebnisse mitteilen kann. Hören Sie nur zu, ohne zu verbessern oder zu verändern. Nehmen Sie seine Erzählungen an.

Stell dir vor ...

Leg dich locker und entspannt auf dein Bett.
Schließ, wenn du willst, deine Augen.
Atme ganz ruhig und tief ein und aus und spür wie deine Arme, Beine,
dein Po, dein Rücken, dein Kopf ganz fest auf der Decke liegen.
Locker und entspannt liegt dein Körper auf der Decke.
Wenn noch etwas unbequem ist, so leg dich anders.
Versuche nun ganz ruhig liegen zu bleiben und erst, wenn es dir ganz gut geht,
lade ich dich ein, dir eine Blume vorzustellen.
Such dir eine schöne Blume aus.
Vielleicht eine Rose, ein Gänseblümchen oder eine Sonnenblume.
Wenn du dir eine Blume ausgesucht hast, dann schau sie dir gut in deiner Fantasie an.
----Pause----
Atme auch weiterhin ruhig und spüre, dass dein Körper ganz entspannt auf der Decke liegt.
Stell dir nun vor, deine Blume steht mit mehreren Blumen auf einer Wiese.
Schau dir diese bunte Blumenwiese gut an.
Vielleicht findest du eine Blume, die genauso aussieht wie deine.
Sei ganz entspannt und genieße das Bild von der Blumenwiese.
----Pause----
Versuche dieses Bild in deiner Erinnerung zu behalten, denn ganz langsam
verschwindet nun das Bild der Blumenwiese aus deiner Vorstellung.
Deine Fantasiereise ist nun beendet.
Ganz langsam kommst du wieder zurück.
Spür deine Arme, deine Finger, deine Füße, deine Beine, deinen Kopf, deinen
ganzen Körper und beweg ihn ganz, ganz langsam.
Erst wenn du ihn wieder ganz spürst, atme tief und laut ein und aus.
Jetzt öffne deine Augen und rüttle und schüttle dich richtig wach.
Nun kannst du mir von der Wiese erzählen.

Vertiefung:
Gemeinsam mit Ihrem Kind können Sie ein Wiesenbild malen, ein Bilderbuch, in dem eine Wiese zu sehen ist, betrachten oder direkt auf eine Wiese gehen. All diese Dinge tragen zur Kommunikation zwischen Ihnen und Ihrem Kind bei.

Der Fingerspaziergang

Körperspielgeschichte **Alter: ab 3 Jahren**

Spielverlauf:
Sie führen alle Bewegungen, die in dieser Geschichte vorkommen, mit Ihrem Zeigefinger durch. Einige der Bewegungen werden auf dem Körper Ihres Kindes durchgeführt.

Förderziele:
Ihr Kind soll Berührungsängste abbauen, Blockaden lösen, seine Konzentration und Aufmerksamkeit schulen, Zuwendung erfahren, lernen, Gehörtes zu verstehen und zu fühlen, sowie Entspannung spüren.

Hinweis:
Führen Sie die Körperberührungen bei Ihrem Kind zunächst auf dem Rücken durch. Dort kann Ihr Kind sie leichter akzeptieren; denn wenn es eine solche Form der Berührung nicht gewohnt ist, dann kann zunächst Unwohlsein auftreten. Dies baut sich aber schnell ab. Auch hier ist die beruhigende Umgebung von großer Bedeutung. Lassen Sie Ihr Kind berichten, was es gefühlt hat.

Der Fingerspaziergang

Ich stelle dir heute einen Finger vor (den Zeigefinger der rechten Hand zeigen). **Er kann sich beugen und strecken, dich berühren und dich streicheln. Er kann hüpfen und ganz schnell über deinen Arm laufen** (die Bewegungen durchführen). **Der Finger hat noch vier Geschwister, den dicke Daumen, den Mittelfinger, den Ringfinger und den kleinen Finger** (alle Finger zeigen). **Der Finger heißt Zeigefinger. Alle Finger zusammen haben ganz viel Spaß miteinander, denn sie können sich beugen und strecken, zappeln über deinen Bauch, können streicheln, über deine Beine laufen und auch ganz ruhig auf dir liegen bleiben** (alle Bewegungen durchführen). **Die anderen Finger sind immer sehr schnell müde, darum gehen sie früh schlafen** (alle Finger, außer dem Zeigefinger, beugen). **Nur der Zeigefinger, der ist immer wach und flink. Darum macht er sich nun allein auf den Weg, er macht einen Spaziergang über deinen Körper. Ganz langsam berührt er deinen Fuß, er läuft über dein Bein, er läuft zu deinem Bauch und läuft dort immer im Kreis herum** (Bewegungen durchführen). **Nachdem er sich dort eine kurze Zeit ausgeruht hat** (Finger still liegen lassen), **läuft er zu deinen Schultern. Erst zu der einen und dann zu der anderen. Nun springt er auf dein Kinn. Er hat dein Gesicht erreicht. Ganz sanft streichelt er deine Stirn, deine Augenbrauen, deine Wangen, deinen Mund, deine Ohren und nun wieder dein Kinn** (Bewegungen durchführen). **Das gefällt ihm gut. Da er ein wenig müde ist, ruht er sich dort aus** (Finger auf dem Kinn still liegen lassen).

Doch nach einiger Zeit geht es weiter. Schnell springt er auf eine Schulter, läuft den Arm hinunter und hüpft auf jeden Finger. Geschwind läuft er den Arm wieder hoch, läuft über die Schulter zur anderen Schulter. Auch hier läuft er den Arm hinunter und hüpft auf jeden Finger. Ganz schnell läuft er den Arm wieder hinauf und in großem Tempo deinen ganzen Körper wieder hinunter (Bewegungen durchführen).
Nun ist der Zeigefinger müde. Er verabschiedet sich von dir (Finger auf und ab bewegen) und legt sich mit den anderen Fingern schlafen (den Zeigefinger auch beugen).

Veränderung:
Diese Körperspielgeschichte kann ohne den entspannenden Charakter auch als lustige Mitmachgeschichte gespielt werden. Jetzt führen Sie gegenseitig die Bewegungen durch. Für jüngere Kinder kann der Fingern auch nur das Gesicht berühren. Dementsprechend wird die Geschichte verkürzt.

Ein klitzekleines Käferlein

Körperwahrnehmungsspiel **Alter: ab 2 Jahren**

Spielablauf:
Dieses Körperspiel ist immer und überall einsetzbar (bei langen Wartezeiten, nach dem Baden, vor dem Schlafen usw.). Das Kribbeln und Krabbeln wird auf dem Rücken des Kindes durchgeführt.

Förderziele:
Ihr Kind kann Berührungsängste abbauen, Blockaden lösen, seine Konzentration und Aufmerksamkeit schulen, Zuwendung erfahren, Gehörtes verstehen und fühlen lernen sowie Entspannung spüren.

Hinweis:
Führen Sie die Körperberührungen bei Ihrem Kind zunächst auf dem Rücken durch. Dort kann Ihr Kind sie leichter akzeptieren; denn wenn es solch eine Berührung nicht gewohnt ist, dann kann zunächst Unwohlsein auftreten. Dies baut sich aber schnell ab. Auch hier ist die beruhigende Umgebung von großer Bedeutung. Wenn es sich schon sprachlich ausdrücken kann, dann lassen Sie Ihr Kind von dem berichten, was es gefühlt hat.

Ein klitzekleines Käferlein

Ein klitzekleines Käferlein
krabbelt heute ganz allein,
in die große, weite Welt,
die ihm gar so gut gefällt.
Es krabbelt über Stock und Stein,
es krabbelt fröhlich ganz allein,
es krabbelt stumm geradeaus,
ist schon weit weg von seinem Haus.
Plötzlich kommt ein starker Wind
leicht über den Rücken pusten
und das kleine Käferkind
fällt um
leicht mit der Hand auf den Rücken patschen
und zappelt schnell,
kommt gar nicht mehr weg von der Stell.
mit den Fingerspitzen auf der Stelle krabbeln
Dem kleinen Käfer wird ganz bang,
er zappelt jetzt schon ganz, ganz lang,
doch plötzlich bläst der Wind
leicht pusten
und dann
fängt er geschwind zu krabbeln an.
Er krabbelt nun ganz schnell nach Haus
Krabbelhände vom Rücken nehmen
und sein Spaziergang, der ist aus.

Veränderung:
Dieses Körperspiel kann als Fingerspiel und bei älteren Kindern als Reimgeschichte genutzt werden. Dann spricht Ihr Kind das letzte Wort in der zweiten Zeile immer mit.

Ein Laubfrosch

Körperspielgeschichte **Alter: ab 2 Jahren**

Spielverlauf:
Ihr Kind liegt in einer Umgebung, die zum Entspannen einlädt. Lassen Sie es die Augen schließen und stellen Sie ihm folgendes Rätsel:

„Wer macht quak den ganzen Tag?"
(Frosch)

Danach legt Ihr Kind sich auf den Bauch. Sie hüpfen nun erst mit der einen, dann mit der anderen und danach mit beiden Händen dem Text entsprechend über den Rücken, die Schultern, die Beine Ihres Kindes.

Förderziele:
Ihr Kind kann Berührungsängste abbauen, Blockaden lösen, seine Konzentration und Aufmerksamkeit schulen, Zuwendung erfahren und Entspannung spüren.

Hinweis:
Führen Sie die Körperberührungen bei Ihrem Kind zunächst auf dem Rücken durch. Dort kann Ihr Kind sie leichter akzeptieren; denn wenn es solch eine Berührung nicht gewohnt ist, dann kann zunächst Unwohlsein auftreten. Dies baut sich aber schnell ab. Auch hier ist die beruhigende Umgebung von großer Bedeutung. Wenn es sich schon sprachlich ausdrücken kann, dann lassen Sie Ihr Kind von dem berichten, was es gefühlt hat.

Ein Laubfrosch, der hüpft ganz allein

Ein Laubfrosch, der hüpft ganz allein,
quakend jetzt von Stein zu Stein.
Er hüpft und quakt, so laut er kann,
und plötzlich fängt ein zweiter an.
Ein Laubfrosch, der hüpft ganz allein,
quakend jetzt von Stein zu Stein.
Er hüpft und quakt, so laut er kann,
und plötzlich fängt ein zweiter an.
Zwei Frösche hüpfen nun daher,
sie quaken und sie freun sich sehr.

Variante:
1. Aus der Körpermassage eine Reimgeschichte machen.
2. Aus der Körpermassage ein Bewegungsspiel machen.

Ein Tausendfüßler kommt daher

Körperwahrnehmungsspiel **Alter: ab 3 Jahren**

Spielverlauf:
Die Fingerbewegungen, die Sie mit Ihren Fingern auf dem Rücken Ihres Kindes machen, werden vom Text vorgegeben.
Förderziele:
Ihr Kind kann Berührungsängste abbauen, Blockaden lösen, seine Konzentration und Aufmerksamkeit schulen, Zuwendung erfahren, Gehörtes verstehen und fühlen sowie Entspannung spüren.
Hinweis:
Führen Sie die Körperberührungen bei Ihrem Kind zunächst auf dem Rücken durch. Lassen Sie Ihr Kind berichten, was es gefühlt hat.

Ein Tausendfüßler kommt daher

Ein Tausendfüßler kommt daher
mit den Fingerspitzen der beiden Hände über den Rücken laufen
und er freut sich heute sehr.
Er läuft ganz schnell mal auf und mal ab,
doch jetzt fühlt er sich entsprechend schlapp.
Darum ruht er sich nun aus
und läuft zurück nach Haus.

Ein Regenwurm, der kommt daher
mit einem Finger über den Rücken ziehen
und er freut sich heute sehr.
Er kriecht ganz schnell mal auf und mal ab,
doch jetzt fühlt er sich entsprechend schlapp.
Darum ruht er sich nun aus
und kriecht zurück nach Haus.

Eine Grille kommt daher
mit Fingerspitzen leicht über den Rücken hüpfen
und sie freut sich heute sehr.
Sie springt ganz schnell mal auf und mal ab,
doch jetzt fühlt sie sich entsprechend schlapp.
Darum ruht sie sich nun aus
und springt schnell zurück nach Haus.

Der Regen fällt ganz leis und sacht

Körperwahrnehmungsspiel **Alter: ab 3 Jahren**

Spielverlauf:
Führen Sie die angegebenen Fingerbewegungen durch.

Förderziele:
Ihr Kind lernt, Berührungsängste abzubauen, Blockaden zu lösen, seine Konzentration und Aufmerksamkeit zuschulen, Gehörtes zu verstehen und zu fühlen, Entspannung zu spüren und Zuwendung zu erfahren.

Hinweis:
Führen Sie die Körperberührungen bei Ihrem Kind zunächst auf dem Rücken durch. Dort kann es sie leichter akzeptieren, wenn es solche Berührungen bisher nicht gewohnt ist. Auch hier ist die beruhigende Umgebung von großer Bedeutung. Lassen Sie Ihr Kind berichten, was es gefühlt hat.

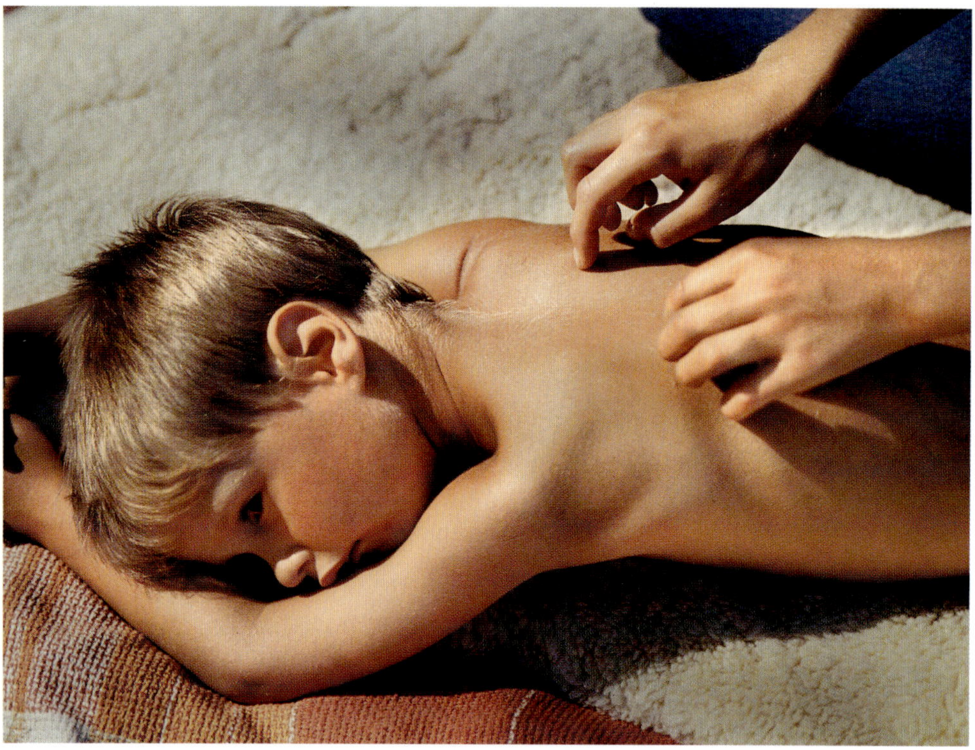

Der Regen fällt ganz leis und sacht

Der Regen fällt ganz leis und sacht,
mit den Fingerspitzen, dem Text entsprechend, über den Rücken Ihres Kindes gehen
er hat dir Träume mitgebracht.
Er berührt dich, schenkt dir Ruh,
deckt dich mit deinen Träumen zu.
Spür die Tropfen, ja und dann
fang dabei zu träumen an.
Ihr Kind liegt nun ohne Berührung einige Augenblicke still da, hört der Musik zu und entspannt sich.

Der Wind, er weht ganz leicht und sacht,
mit den Fingerspitzen, dem Text entsprechend, leicht über den Rücken hin und her ziehen
er hat dir Träume mitgebracht.
Er berührt dich, schenkt dir Ruh,
deckt dich mit deinen Träumen zu.
Spür den Wind einmal und dann
fang dabei zu träumen an.
Ihr Kind liegt nun ohne Berührung einige Augenblicke still da, hört der Musik zu und entspannt sich.

Die Sonne wärmt ganz leicht und sacht,
Ihre Handflächen liegen auf dem Rücken Ihres Kindes. Dadurch geben Sie Ihrem Kind Wärme ab und vermitteln ihm das Gefühl, dass die Sonne seinen Rücken wärmt
sie hat dir Träume mitgebracht.
Sie berührt dich, schenkt dir Ruh,
deckt dich mit deinen Träumen zu.
Spür die Sonne, ja und dann
fang dabei zu träumen an.
Ihr Kind liegt nun ohne Berührung einige Augenblicke still da, hört der Musik zu und entspannt sich.

Sonne, Regen und der Wind,
nun werden kurz die entsprechenden Bewegungen auf dem Rücken Ihres Kindes durchgeführt
und wenn sie alle deine Freunde sind.
Denk an sie und gönn dir Ruh,
deine Augen lass jetzt zu.
Ihr Kind liegt nun ohne Berührung einige Augenblicke still da, hört der Musik zu und entspannt sich.

Streicheln Sie Ihr Kind ganz sanft und sprechen Sie mit ihm über das, was es gefühlt hat.
Veränderung:
Wenn Ihr Kind älter ist, kann diese Geschichte auch zu einer Reimgeschichte werden.

12 Wie erkenne ich Sprachstörungen bei meinem Kind?

Probleme bei der Sprachentwicklung ihres Kindes erkennen Eltern häufig erst dann, wenn sie an ihrem Kind Auffälligkeiten entdecken, die bei Kindern im gleichen Alter nicht zu hören sind. So kann das Feststellen von Lispeln, Näseln oder Stottern die Offenheit und Gelassenheit der Eltern gegenüber der momentanen Sprachentwicklung ihres Kindes in Angst und Sorge umschlagen lassen.

Damit Sie, liebe Eltern, die Formen und Erkennungsmerkmale von Sprachstörungen kennen, finden Sie in diesem Kapitel einige wichtige Informationen. Lesen Sie diese gelassen durch und schauen Sie dann noch einmal in Ruhe auf Ihr Kind. Zeigen Sie ihm nicht Ihre Sorge, verbessern Sie es nicht und unterbrechen Sie es nicht. Seien Sie gelassen und motivieren Sie Ihr Kind auch weiterhin. Nehmen Sie es mit all seinen Fehlern und Schwächen an. Beobachten Sie es, schreiben Sie sich auf, wann und seit wann Ihr Kind poltert, stottert, bei welchen Lauten es lispelt oder seit wann es näselt.

Ist vielleicht eine Erkältung schuld oder hat es eine Zahnlücke? Will es mehr Aufmerksamkeit oder kommt es vielleicht mit der Familiensituation nicht zurecht?

Es gibt viele Möglichkeiten, warum die Sprachentwicklung eines Kindes Auffälligkeiten zeigen kann. Eine intensive und längere Beobachtung Ihres Kindes und die schriftliche Dokumentation dieser Auffälligkeiten bzw. Störungen (wann, wie, wo, warum haben die Sprachstörungen begonnen?) geben Aufschluss und können Ihnen bei der Beantwortung der Frage helfen: „Wann muss mein Kind zu einem Therapeuten?" Fragen Sie nie Ihre Freundin, ob etwas normal oder nicht normal ist, vergleichen Sie Ihr Kind nie mit anderen Kindern und lassen Sie sich nicht von Tabellen irritieren. Da Sie Ihr Kind ganz genau kennen und sich sprachlich mit ihm beschäftigt haben, werden Sie den Zeitpunkt für eine eventuelle Therapie richtig bestimmen. Doch seien Sie ehrlich und helfen Sie Ihrem Kind früh genug. Es ist keine Schande, einen Therapeuten zu Rate zu ziehen.

Sollten Sie Fragen haben, so wenden Sie sich vertrauensvoll an die Erzieherin Ihres Kindes im Kindergarten. Dort wird auch Spracherziehung betrieben. Jede Erzieherin ist kompetent genug (oder sollte es sein), um Ihnen fachlich zur Seite stehen zu können. Aber auch die folgenden Informationen, die bewusst kurz gehalten sind, um Ihnen nur das Wichtigste zu vermitteln, können Ihnen Aufschluss über Sprachstörungen und ihre Merkmale geben. Kennen Sie keinen geeigneten Therapeuten, so können Sie bei den unten genannten Adressen um Rat fragen. Wichtig ist, dass mit einer Therapie nicht zu früh, aber auch nicht zu spät begonnen werden sollte. Mit Eintritt in die Schule sollte die Therapie beendet oder zumindest fast beendet sein. Viele Störungen legen sich etwa bis zum Ende des vierten Lebensjahres von allein.

Informationen über Sprachstörungen

Lispeln:

Beim Lispeln kann das Kind die S-Laute nicht deutlich artikulieren. „s", „sch", „z" und „x" zählen zu den häufigsten und schwierigsten Lauten in der deutschen Sprache. Lispeln liegt häufig an einer fehlerhaften Kiefer- oder Zahnstellung, und manchmal sind auch psychische Faktoren mit im Spiel. Vor der Einschulung sollte das Lispeln behandelt werden, denn mit dem Alter wird es immer schwieriger, eingefahrene Sprechmuster zu ändern.

Näseln:

Beim Näseln kann das Kind die Laute „–m–", „–n–" und „–ng–" (das sind die so genannten Nasallaute) nur mit Schwierigkeiten und unkorrekt aussprechen. Man unterscheidet zwischen dem offenen und dem geschlossenen Näseln. Das geschlossene Näseln klingt, als sei man verschnupft, beim offenen Näseln klingt die Aussprache ungewollt betont. Die Ursache liegt darin, dass beim Sprechen mal zu viel, mal zu wenig Luft durch die Nase strömt. Polypen oder auch das Zäpfchen im Rachen sorgen dafür, dass beispielsweise zu viel Luft vom Mund in die Nase gelangt. Gezielte Sprechgymnastik kann das Näseln beheben.

Poltern:

Beim Poltern verschluckt, verstellt oder verstümmelt das Kind einzelne Laute, Silben oder ganze Wörter. Dieses ist nicht nur beim Sprechen so, sondern auch beim Lesen und Schreiben. Diese Schwäche ist meist angeboren. Das Gehirn zeigt eine Schwäche, d.h. es kann die verschiedenen Reize schlecht verarbeiten. Das Poltern tritt oft in Kombination mit dem Stottern auf.

Stottern:

Beim Stottern ist der normale Redefluss des Kindes gestört. Einzelne Silben, Wörter oder Buchstaben werden beim Sprechen wiederholt. Oder das Kind bringt trotz großer Anstrengung kein Wort heraus. Die Ursache des Stotterns ist bis heute noch nicht ganz bekannt. Veranlagung, Vererbung, psychische Faktoren sowie frühkindliche Schädigungen können als mögliche Ursachen in Betracht gezogen werden.

Stammeln:

Beim Stammeln kann das Kind bestimmte Laute und Lautverbindungen nicht deutlich aussprechen. Darum lässt es sie weg oder ersetzt sie durch andere. Gründe können das geschädigte Sprechwerkzeug, ein schlechtes Hörvermögen oder auch die Psyche sein. Bis zum vierten Lebensjahr ist das Stammeln eine normale Begleiterscheinung. Erst dann sollte ein Arzt aufgesucht werden.

Sprachschwäche:

Bei der Sprachschwäche, die sich z. B durch Stammeln manifestiert, handelt es sich um eine Störung der Sprachentwicklung. Die Veranlagung dazu ist familiär bedingt. Oft haben Eltern und Geschwister erst später als üblich sprechen gelernt. Meist weisen diese Kinder auch Entwicklungsverzögerung im Laufen auf, sitzen später, sind ungeschickt, zurückhaltend oder haben wenig Interesse an der Sprache.

Anhang

Rat und Hilfe

Bundesvereinigung Stotterer-Selbsthilfe e.V.
Gereonswall 112
50670 Köln

Sprachheilzentrum
Masurenstr. 19–21
26388 Wilhelmshafen

Informationen zu Sprachtherapeuten in Ihrer Nähe finden Sie:
- bei Gesundheitsämtern
- bei Hals-Nasen-Ohren-Ärzten
- in Sonderschulen und Kindergärten
- bei Ihrer Krankenkasse

Literatur

Marianne Austermann/
Gesa Wohlleben
Zehn kleine Krabbelfinger auf Entdeckungsreise
Kösel, München 2000

Heike Baum
Papa, spiel mit mir!
Urania, Berlin 2002

Ingrid Biermann
Das große Fingerspielebuch
Velber, Freiburg 2003

Ingrid Biermann
Spiele zur Wahrnehmungsförderung
Herder, Freiburg 1999

Ingrid Biermann
Fischers Fritz und Schneiders scharfe Schere
Herder, Freiburg 2002

Ingrid Biermann
Konzentration fördern
Urania, Stuttgart 2003

Ingrid Biermann
Die Katze zieht die Stiefel aus
Herder, Freiburg 2004

Ingrid Biermann
Faschingspartys für Kids
Urania, Stuttgart 2003

Ingrid Biermann
Kindergeburtstage!
Urania, Stuttgart 2002

Linda Clark/
Catherine Ireland
Sprechen lernen – lernen durch Sprechen
Beust, München 1998

Barbara Cratzius/
Regine Altegoer
Zippel Zappel Fingerspiele
arsEdition, München 1997

Franz Decker/
Brigitte Bäcker
Kinesiologie mit Kindern
Urania-Ravensburger,
Berlin 2000

Andrea Erkert
Sprach-Förder-Spiele
Christophorus, Freiburg 2003

Johanna Friedl
Pitsche, Patsche, Peter
Kösel, München 1999

Ute Hatlappa-Eichstädt
So macht Lernen Spaß
Christophorus, Freiburg 2000

Michael Holtmann
Das große Buch der Kinderspiele
DuMont, Köln 2002

Annerose Keilmann
Kann mein Kind richtig hören?
Urania-Ravensburger,
Berlin 2000

Ludwig Koneberg/
Gabriele Förder
Kinesiologie für Kinder
Gräfe und Unzer,
München 1999

Dorothée Kreusch-Jacob
Finger spielen, Hände tanzen
Don Bosco, München 1997

Charmaine Liebertz
Spiele zum ganzheitlichen Lernen
Don Bosco, München 2002

Angela Lischka
Die Zippel-Zappel-Maus packt neue Lieder aus
Kösel, München1999

Samy Molcho
Körpersprache der Kinder
Mosaik, München 1996

Maria Monschein
Spiele zur Sprachförderung
Band 2
Don Bosco, München 1998

Julia Rogge
Das Anti-Stress-Programm für die Familie
Velber, Freiburg 2002

Giesela Stein
Kinder und Eltern turnen
Meyer & Meyer, Aachen 1997

Miriam Stoppard
So fördere ich mein Kind
Urania, Stuttgart 2003

Brigitte Wilmes-Mielenhausen
1, 2, 3, komm spiel mit mir
Christophorus, Freiburg 2002